四有课堂

"双新"背景下的实践探索

史炯华 / 主编

上海社会科学院出版社
SHANGHAI ACADEMY OF SOCIAL SCIENCES PRESS

图书在版编目(CIP)数据

四有课堂 "双新"背景下的实践探索 / 史炯华主编.
上海 : 上海社会科学院出版社, 2025. -- ISBN 978-7
-5520-4735-6

Ⅰ. G632.421

中国国家版本馆 CIP 数据核字第 2025UY7158 号

四有课堂 "双新"背景下的实践探索

主　　编：史炯华
责任编辑：路　晓
封面设计：杨晨安
出版发行：上海社会科学院出版社
　　　　　上海顺昌路 622 号　邮编 200025
　　　　　电话总机 021-63315947　销售热线 021-53063735
　　　　　https://cbs.sass.org.cn　E-mail:sassp@sassp.cn
照　　排：南京理工出版信息技术有限公司
印　　刷：上海龙腾印务有限公司
开　　本：787 毫米×1092 毫米　1/16
印　　张：15.25
字　　数：234 千
版　　次：2025 年 6 月第 1 版　2025 年 6 月第 1 次印刷

ISBN 978-7-5520-4735-6/G·1417　　　　　　　　　　定价:78.00 元

版权所有　翻印必究

序言　课堂变革的学区化探索

——基于浦东新区北蔡学区"四有课堂"模式的认知共享

在浦东新区紧密型学区建设的队伍中，北蔡学区的思考和作为让我另眼相看。三年前，学区面向上海市教委提出的"紧密型"发展要求，出台了一个创建方案，我看后就给了四个点赞：一是对资源存量的梳理，从治理架构、校际联动、家校共育、项目协同等方面的表述颇为清晰；二是对短板问题的分析，在制度创新、课程优化、教师流动和项目驱动等方面明确提出完善思路；三是对预期目标和五大任务的确立，能体现取长补短逻辑思想；四是对具体举措与步骤的设计，紧扣"紧密型"要求展开，针对五项内容提出实施子方案，目标和措施均有落地感。学区还曾经与浦东新区教育发展基金会签约，借助区域资源启动相关项目来推进紧密型学区高质量建设。而北蔡中学作为学区牵头校，拥有较丰富的可共享经验资源，情怀担当在其中所起的作用同样值得点赞。同时各成员校也拥有不同的特色，在规划引领下发挥各自作用。学区内的学校我都去过，曾经有一些体验和观感，这是我在阅看本书文稿时的先期认知。

学区化和教育集团化机制在上海出台，都是回应促进义务教育优质均衡发展的战略布局，更是回应上海市"十四发展规划"提出的实现"教育现代化"的目标。这个目标体系的一个重要指向就是"办好老百姓家门口每一所学校"，学区化和集团化都主张"抱团发展"，"紧密型"还有包括"师资安排、课程教学、评价考核、治理体系、经验辐射"五项内容，以及"市区联动、以评促建、交流展示、实验试点"四个机制。到上海市"十五发展规划"，又提出"教育高质量发展"这一新的战略目标，指向更具挑战性的"育好每一位学生",充分体现社会主义教育方针中"为党育人、为国育才"的内涵。于是,学校教育教学的主阵地——课堂,不能不是紧密型学区建设2.0版的关注点。

现在呈现在我面前的成果,主题是"课堂变革",是在紧密型学区建设方案诸多任务整合的基础上提出的,其实就是关注了课程和教育教学的"关键"——如果传统课堂不变,教育教学就等于没有改革。课堂就是学校教育改革系统的"神经末梢"。北蔡学区的课堂变革取向,选择了"四有课堂",即"有的、有序、有趣、有效",从模式建构的角度,回应新课程、新教材实施要求,并通过学区成员校的协同联动,在总体模式下美美与共,使紧密型学区的高质量发展期许落地。

本书主编北蔡中学史炯华校长基于亲历,从国际教育的视角展开研究,曾有几部专著出版。这次他为本书撰写的综述中,对学区"课堂变革"的动因,从中共中央、国务院颁布的《关于深化教育教学改革全面提高义务教育质量的意见》文件要求出发——"强化课堂主阵地作用,切实提高课堂教学质量",围绕"立德树人"的根本任务,着眼于"建设高质量教育体系,强化学校教育主阵地,促进学生全面发展和健康成长"等,体现出高度;还与中共中央办公厅、国务院办公厅印发的《关于进一步减轻义务教育阶段学生作业负担和校外培训负担的意见》文件联系,将减负提效作为变革的要求来优化课堂,明确"四有课堂"教学模式以核心素养为导向,实现教与学认同感,推动学生可持续发展。

从模式落地视角,史校长的综述还对课堂"四有"提出一些原则意涵:

有的,就是有明确的目标导向和针对性内容,是课堂教学的主旨,要落实于学科课程目标及其实现,成就于学生核心素养的养成。

有序,不仅是有秩序,更应有逻辑,是条理清晰的教学过程,包括逻辑的严密性、环节的完整性、师生的互动性。

有趣,是课堂教学中师生间的一种相互吸引,更是教师生动有趣的教学方法所激起的富有激情的讲授,需要情境创设、情感投入、手段丰富。

有效,是课堂教学的效能,更是基于师生共同建立起来的教与学的成就感与归属感,从多元评价与作业改进中体现。

上述阐述的确能为教师的实操提供相应的指导价值。我们知道,课堂的基本要素一般认为包括"教师、学生、教材(内容)、媒介"这四方面。但对有效课堂的要素界定,就有各美其美的认知。

就国内的教育专家,被誉为中国"新基础教育"研究和"生命·实践"教育学派创始人的叶澜教授提出四个标志性要素:有意义、有效率、有生成性、常态性。上海市教委原副主任张民生教授也提出过四点要求:激发兴趣、照顾差异、学科思维、学以致用。这对我们教师的课堂作为都有引领性。

我曾在几年前受邀为建平中学的"智慧课堂"解读"课堂智慧",领会其中散发出来的"四有"——有魂、有道、有器、有效。"魂",即其架构的初心——育人目标;"道",是讲究遵循科学规律的方法;"器",即与课堂教学相整合的数据技术等平台;"效",是水到渠成的自然结果,在评价中彰显出来。今天看到北蔡学区探索"四有课堂",还从建模角度做要求,从三个方面提供多达二十七个案例佐证其效,确实又一次让我刮目相看。

谢谢北蔡学区为浦东新区乃至上海市追求教育高质量发展所作的有益探索,也谢谢主编史校长让我有一次练脑性的解读机会。

甲辰腊月于清风白水楼

目 录

序言 课堂变革的学区化探索
　　——基于浦东新区北蔡学区"四有课堂"模式的认知共享 …… 赵才欣　001

总论　"双新"背景下的"四有课堂"教学模式的探索与实践
　　…………………………………………… 上海市北蔡中学　史炯华　001

第一部分　"四有"：点燃教学设计的灵感

多维教学，开拓思维
　　——核心素养下的"四有课堂"教学实践与成效
　　……………………………… 上海市浦东新区御桥小学　袁芯茹　017
指向审美创造素养的初中语文"四有课堂"教学策略研究
　　……………………………………… 上海市北蔡中学　张陆晨　025
新课标视域下"三步法"培育小学生数学眼光的实践与研究
　　……………………… 上海市浦东新区北蔡镇中心小学　费忆凡　034
切实构建以核心素养为导向的"四有"小学数学课堂
　　……………………………… 上海市浦东新区昌邑小学　樊舒雯　041
以"问题串"为主线的"四有课堂"
　　——以"相似三角形"复习为例 … 上海市建平实验地杰中学　闻　雯　048

"四有课堂"的模型构建与实践研究
——以"二元一次方程(组)"复习教学为例
.... 上海市建平实验地杰中学　胡　艳　054

核心素养导向的"四有课堂"在初中英语学科中的实践和探索
.... 上海市北蔡中学　许群燕　065

促进"四有课堂"实现的初中英语作业设计的策略探究与实施
——以牛津上海版6BU4单元作业设计为例
.... 上海市建平实验地杰中学　奚亚芸　073

核心素养导向下的初中英语跨学科教学实践探究
.... 上海市绿川学校　李国兰　083

"双新"背景下小学道德与法治议题式学习实践探索
——以《我们所了解的环境污染》一课为例
.... 上海市浦东新区北蔡镇中心小学　吴斯娇　096

核心素养导向的"四有课堂"的实践探索
——以初中体育课堂运动技能发展与体能训练的平衡研究为例
.... 上海市绿川学校　俞有民　104

学科融合背景下小学美术课堂教学创新研究
.... 上海市浦东新区御桥小学　李小艺　112

第二部分　"四有":课堂教学实践带来的启迪

小学语文高年级"四有课堂"教学的探究
——以五年级上册《猎人海力布》教学为例
.... 上海市浦东新区莲溪小学　沈宋璎　123

基于"四有课堂"教学模式优化学生过程性学习体验
——以语文二年级下册《沙滩上的童话》为例
.... 上海市浦东新区育童小学　张　旭　130

构建跨学科下的"四有课堂"
　　——以语文三年级下册《肥皂泡》为例
　　　　………………………… 上海市浦东新区御桥小学　顾芸婷　136

核心素养导向下的"四有课堂"的实践探索
　　——以语文二年级下册大单元教学为例
　　　　………………………… 上海市浦东新区御桥小学　卫佳煜　142

课堂小插曲也能奏出华美乐章
　　——情感教学助力"四有课堂" ……… 上海市绿川学校　赵金宇　149

让学生经历统计的全过程，形成数据意识
　　——以五年级"统计"单元项目式学习为例
　　　　………………………… 上海市浦东新区御桥小学　王　燕　156

落实小学数学"四有课堂"的策略探究
　　　　……………………… 上海市浦东新区北蔡镇中心小学　蔡　琼　165

"四有课堂"支撑下的小学数学创新思维训练课程的实践
　　　　……………………………………… 上海市绿川学校　丁佳鹭　173

新课标和新教材背景下初中英语"四有课堂"的构建与实践
　　　　……………………………………… 上海市北蔡中学　秦光耀　178

体育学科核心素养下"四有课堂"的实践探索
　　——以"初中肥胖学生体能练习"为例 …… 上海市北蔡中学　陈　莉　185

第三部分　"四有"：探索"评价促进发展"的好机会

基于"四有课堂"的教师评价素养的实践研究
　　　　………………………… 上海市北蔡中学　教师评价素养课题组　193

基于"四有课堂"的教学评价素养实践研究
　　——以《光的色散》为例 ……………… 上海市北蔡中学　康　伟　207

道德与法治课堂中基于"四有课堂"理念的教师评价素养的实践研究
　　——以"做情绪情感的主人"为例 ………… 上海市北蔡中学　王雪晶　213

基于"四有课堂"的体育教学评价素养实践研究
　　——以"篮球大单元教学18—(2)：行进间高运球"为例
　　　……………………………………… 上海市北蔡中学　徐浩路　218

基于"四有课堂"的教师课堂教学评价素养的实践研究
　　——以上海市北蔡中学"四有"体育课堂为例
　　　……………………………………… 上海市北蔡中学　卫骏超　224

总论 "双新"背景下的"四有课堂"教学模式的探索与实践

上海市北蔡中学　史炯华

2019年6月，中共中央、国务院颁布《关于深化教育教学改革全面提高义务教育质量的意见》文件，从教育整体、五育并举、师资队伍、支援保障等不同角度做了细致的部署和要求。对于课堂教学，文件指出"强化课堂主阵地作用，切实提高课堂教学质量"，围绕"立德树人"的根本任务，尤其是着眼于"建设高质量教育体系，强化学校教育主阵地，促进学生全面发展和健康成长"等具体内容。2021年7月，中共中央办公厅、国务院办公厅印发《关于进一步减轻义务教育阶段学生作业负担和校外培训负担的意见》，不仅对作业总量和时长、课后服务和学生需求等做出了规范，同时也对提升教育教学质量和确保校内学足学好等提出了要求，要求"优化教学方式，强化教学管理，提升学生在校学习效率"。2022年《义务教育课程方案》颁布，要求"准确把握课程要培养的学生核心素养，明确教学内容和教学活动的素养要求，培养学生正确价值观、必备品格和关键能力，设定教学目标，改革教学过程和教学方法，把立德树人根本任务落实到具体教育教学活动中"。

面对新课程、新教材的推进和育人模式的变化，学校教师共同商议、群策群力，提出了以核心素养为导向，构建有的、有序、有趣、有效的"四有课堂"教学模式，来实现教与学的认同感，推动学生可持续地发展。

一、"四有课堂"教学模式的内涵

"四有课堂"教学模式涵盖了教学目标与内容、教学过程、教学方法与手段以及教学效果与评价等多个方面。这些方面相互关联、相互促进,共同构成了一个完整、高效、有趣的教学体系。

(一)"有的"——明确的教学目标与内容

有的,就是有明确的教学目标和教学内容,这是课堂教学的主旨,落实于学科课程目标的实现,成就于学生核心素养的养成。具体体现在:

一是目标的导向性。"有的"首先强调的是课堂教学应具有明确的目标导向。怀特海(Whitehead,A. N.)在《教育的目的》中说过:"不能加以利用的知识是相当有害的。所谓知识的利用,是指要把它和人类的感知、情感、欲望、希望,以及能调节思想的精神活动联系在一起,那才是我们的生活。"[1]因此,这些目标不仅来源于课程标准和教材要求,还需紧密结合学生的实际需求和兴趣,确保教学活动有的放矢,能够真正促进学生的发展。

二是内容的针对性。课堂教学不仅是传递知识的主要方式,同样也是唤醒知识与学生生命经验之间有机联系的过程,具有针对性。杜威(Dewey,J.)指出:"在学校里……学生一词,几乎是指直接吸收知识而不是从事获得有效经验的人。"[2]就此而言,教学内容的选择和组织需经过精心筛选和整合,确保既符合学科知识体系的要求,又能够贴近学生的生活实际。教学内容只有和学生的经验之间产生勾连,才能真正激发学生的学习兴趣和探索欲望。同时,教学内容应具有层次性和梯度性,以满足不同水平学生的学习需求。

三是聚焦核心素养的培养。在"有的"的指引下,课堂教学指向的是学生核心素养的培养。即通过知识传授、能力培养和价值引领等多方面的努力,促进学生全面发展。正如钟启泉所说,"核心素养"旨在勾画新时代新型人才的形象,规约学校教育活动的方向、内容与方法。基于核心素养的课堂教学发展,意味着无论是课程开发者抑或是一线教师都需要在"核心素养—课程标准—单元设计—学习评价"这一连串环环相扣的链环中聚焦核心素养展开运作。[3]

---

[1] 怀特海.教育的目的[M].庄莲平,王立中,译.上海:文汇出版社,2012:6.
[2] 约翰·杜威.民主主义与教育[M].王承绪,译.北京:人民教育出版社,2001:37.
[3] 钟启泉.基于核心素养的课程发展:挑战与课题[J].全球教育展望,2016,45(1):3-25.

(二)"有序"——条理清晰的教学过程

有序,不仅是有秩序,更应有逻辑,是条理清晰的教学过程。具体体现在:

一是逻辑的严密性。课堂教学不仅是"有的"的过程,更是蕴含价值的"有序"活动。舍勒(Scheler,M.)认为,不仅存在客观、独立的价值,而且各价值之间还存在一个等级秩序。同价值一样,价值秩序也具有先天性和质料性。即价值秩序同样具有客观独立性,在人们的感受活动中被原初地把握到,且不同等级的价值分别对应不同的价值感受,等级越高的价值需要的价值感受能力就越高。[①]这意味着,"有序"要求教学过程应具有严密的逻辑性和系统性,各个环节之间应紧密相连,形成一个有机的整体。这有助于学生在学习中形成清晰的思维脉络,提高学习效率。

二是环节的完整性。一个"有序"的教学过程应包括导入、讲授、讨论、练习、总结等多个环节,每个环节都有其特定的功能和作用。布鲁纳(Bruner,J.S.)就曾提出,任何教学都应该包括以下四个环节,即问题的设定、假设的设定与验证计划、验证过程和结论的琢磨。[②]因此,只有经历完整的教学过程,学生才可以逐步深入理解知识,掌握技能,形成能力。

三是师生的互动性。在"有序"的教学过程中,毫无疑问,师生是课堂生活的主角,具有生命活力的课堂离不开师生互动和交往。梅洛-庞蒂(Merleau-Ponty)表明,师生对彼此的知觉往往开始于整体性的感知,随后才在交互过程中逐步分辨出各部分相似和临近的特性。教师应注重与学生的互动和交流,及时了解学生的学习情况,适时调整教学策略和方法。同时,学生也应积极参与课堂活动,与教师和其他同学进行互动和合作,共同完成学习任务。

(三)"有趣"——生动有趣的教学方法

有趣,是课堂教学中师生间的一种相互吸引,更是教师生动有趣的教学方法所激起的富有激情的讲授。具体体现在:

---

① 舍勒.价值的颠覆[M].舍勒选集:第二编.罗悌伦,译.刘小枫,校.北京:生活·读书·新知三联书店,1997:135.
② 布鲁纳.教育过程[M].邵瑞珍,译.北京:文化教育出版社,1982:37.

一是情境的创设。分析教育哲学家彼得斯(Peters, R. S.)曾说,教学如果算得上是"教育"过程,那么这意味着课堂教学至少排除了某些传授程序,能够引起学习者对掌握知识的自觉和自愿,真正有才华的教育者恰恰能使孩子从事起初并不吸引他们的活动。[1]正因如此,"有趣"是课堂教学焕发生命活力的暗线,也是体现教师专业水准的"技术活"。通过创设生动有趣的教学情境,将抽象的知识点具体化、形象化,激发学生的学习兴趣和好奇心,这有助于学生更好地理解和掌握知识,提高学习效果。

二是多样化的教学手段。在教育数字化转型的背景下,采用多样化的教学手段和方法,如多媒体教学、实验教学、项目式学习等,以满足不同学生的学习需求和兴趣。这些手段和方法可以丰富学生的学习体验,提高学生学习的趣味性和互动性,也是数字化时代教师提高专业本领,实现专业发展的必由之路。

三是情感的投入。顾明远先生说,没有爱就没有教育。爱是倾向或随倾向而来的行为,在交往活动中具有最高的伦理学意味。以爱为内核的课堂教学试图将每个事物引入自己特有的价值完美之方向,并在没有阻碍时完成这一行为。换言之,正是这种世界之中和世界之上的营造行为被我们规定为爱的本质。[2]因此,教师在教学过程中应投入真挚的情感,关注学生的情感体验和成长需求。通过情感交流,建立和谐的师生关系,营造积极向上的学习氛围。

(四)"有效"——高效的教学效果与评价

有效,是课堂教学的效能,更是基于师生共同建立起来的教与学的成就感与归属感的多元评价。具体体现在如下三个方面。

一是目标的达成度。"有效"首先体现在教学目标的达成度上。无论如何,教学的首要目标是完成知识传授的任务,这是衡量教学效果的重要指标。正如王策三先生所说,在我国应试教育的氛围短期得不到纠正的情况下,教学不能过多地迎合某些理想主义者所提倡的花哨的理念,教书育人中教书永远都是首先要考虑

---

[1] Peters, R. S. Ethics and Education[M]. London: Routledge, 2016: 45.
[2] 马克思·舍勒.爱的秩序[M].刘小枫主编,孙周兴,林克,译.北京:北京师范大学出版社,2017:105.

的。①通过课堂教学活动,学生能够掌握预设的知识点和技能,达到预定的学习目标。

二是学生的参与度。学生的参与度是衡量教学效果的重要指标之一。罗萨(Rosa,H.)认为,人在本质上必须与所处的世界建立起共鸣关系才能存在,并持续存在下去。"有效"的课堂教学依赖于教学共鸣的实现。教学共鸣是教学对话、教学交往的艺术性形态,是一种注重师生间精神层面默契性的教学关系存在方式。教学共鸣能提高学生参与度,拉近师生的心理距离。在"有效"的课堂中,学生应积极参与课堂活动,主动思考、提问和解决问题,形成良好的学习习惯和态度。

三是评价的多元化。比斯塔(Biesta,G.)在《测量时代的好教育》一书中提出了一个重要问题:我们在测量我们真正重视的,还是仅仅在测量我们能轻易测量到并且最终能评估的东西?②显然,教学效果是以学生发展为转移的,而学生发展具有复杂性、内隐性和长远性,追求精确的量化评价,是失之偏颇的。对一个人的发展进行精确量化,没有可能,也没有意义,甚至会伤害学生自尊和降低教师专业发展的积极性。正因如此,须建立多元化、全面化的教学评价体系,注重对学生学习过程和学习成果的综合评价。同时,鼓励学生参与评价过程,培养他们的自我评价和相互评价能力。

二、"四有课堂"教学基础

(一)明晰"四有课堂"的实践意义

"四有课堂"的教学实践首先要让教师、学生清楚实践的意义。我们认为学生和教师是学校存在的理由,学生是教师存在的前提,学生和教师的主要时间和主要活动空间在课堂,学生和教师物质上、精神上的充实感和幸福感主要在课堂中

---

① 王策三.教学认识论[M].北京:北京师范大学出版社,2002:113.
② 格特·比斯塔.测量时代的好教育:伦理、政治和民主的维度[M].张立平,韩亚菲,译.北京:北京师范大学出版社,2019:14.

获得,课堂教学的质量决定着办学的质量,也决定着师生的生命质量。教师和学生都要意识到课堂不仅是知识传授的场所,也是师生能力养成、情感发育的场所,师生共同成长的场所。

(二) 构建良好的内外生态系统

课堂教学是一个复杂的系统工程,具体表现为外部生态系统和内部生态系统两个层面。学校、家庭、社区在宏观层面上营造氛围、引导发展,教研组、备课组在中观层面上提供交流、相互促进,共同构成了一个具有一定影响力的外部生态系统。而一旦进入课堂这个实质性的内部生态系统,外部影响就会大大减弱,教师占有着明显的优势地位。教师、学生和教学的材料能否形成良性互动的教学过程,对课堂教学质量起着至关重要的作用。

(三) 建立良性的循环模式

建立良性循环是确保生态系统持续健康发展的基石,良性、健康的生态系统一定是互动、高效的。只有教师、学生、学校和家庭、社区充分有效地进行交流和沟通,并且互相尊重彼此的需求与意愿,形成和谐共生、互利共进的统一体,"四有课堂"教学模式的推进才能持续并不断发展。

三、"四有课堂"教学实践

有的、有序、有趣、有效的"四有课堂"教学,倡导教师智慧地教、学生个性地学,旨在通过四个不同维度的实践,来实现"教的课堂"转变为"学的课堂"和"教"与"学"的有机统一,来实现富有生命力和创造力的教学活动,让每一个学生得到充分自主的发展。

(一) 第一维度:有的

"有的"落实到具体的课堂教学中,一是要让教师进行有目的地备课,要了解学生的需求和已有认知及特点,结合学科核心素养,进行因材施教;二是教师要掌握教学内容、教学特点和教学规律,因地制宜,制订符合学生实际和教材实际的教学方案。

【案例一】阅读思考设计,在"有的"中推动课堂生成

拿到文本,反复阅读,将自己的所思所想及时写在对应位置,理出课文的核心线索,并用其串联起一整节课。

一、确定课文

纵观自己的读书生涯,传统化的课堂无疑多为"一言堂",教师们将自己的知识储备"倾囊而出",但忽略了学生知识储备现状,这就容易造成输出和接受之间的差异过大。这种过往的学习经历时刻鞭策着自己一定要关注学生现有的知识,尽可能站在学生的角度阅读文本、品味语言、体察作者情感。基于这个"立场",我将选文确定为铁凝的《盼》。

二、细读文本

小说《盼》着重反映的是小孩迫切穿新雨衣的心理以及近乎反常的言行。作者以孩子的视角,记述了"我"得到新雨衣后盼下雨—下雨时盼外出—没法外出时盼雨停—如愿在雨中穿上新雨衣的故事。语文课要追求语文味,而这篇小说用细腻的语言描述了主人公心理微妙的变化,不仅直接的心理活动描写能够表现人物的心情,动作、语言、环境描写也能让我们感受到孩子充满童真童趣的心理活动。

三、确定目标

基于对文本的品读和对单元目标的把握,我将教学目标确立为:(1)厘清写作思路,体会作者是如何围绕"盼"这一中心组织材料、展开叙述的;(2)把握文章主要内容,通过品味重点语句,感受童真童趣和对生活的无限热爱;(3)迁移运用,初步掌握用语言、动作、环境描写等将心理活动写具体的方法。

四、撰写教案

基于单元目标和课时目标,我将教学环节分成四大部分:第一部分导入性点

拨——课文导入,选择情景式的导入方式引发学生回忆曾经对美好事物的盼望经历,并分享;第二部分研究性点拨——整体感知,点拨学生对于"盼"的思考及文中人物的内心变化;第三部分鉴赏性点拨——文本细读,通过指名读、齐读、分组读、范读等多种方式,帮助学生更全面、细致地把握主人公复杂微妙的心理变化过程;第四部分巩固性点拨——作业布置,通过布置以"盼"为题的片段小作文,旨在达成"迁移运用"的教学目标,促使学生学会心理活动描写的方法。

不难发现,在"细读文本—确定目标—教学设计"的过程中,教师充分结合教材实际,围绕语文学科的核心素养,从学生的学习特点出发,充分备课,从而做到让学生有针对性地学习,让课堂变得更有目的、有目标、有方向。

(二) 第二维度:有序

"四有课堂"中的"有序"包含了两个不同的阶段:一是上课前的准备,要求教师对课的内容进行充分准备,要对学生的需求做充分研究和了解,对教学内容要深刻把握,并转化为适合学生的教学方案;二是课堂教学的过程,不仅要求教师根据自己课前设计的"教学方案"进行教学,还要根据课堂教学过程中的"教"与"学"的实际情况,进行调整、完善或优化。

【案例二】大家共读名著,在"有序"中深度学习

《小王子》英语读本,是一本语言相对简单,不仅符合学生的现有英语学习基础,而且也能勾起学生情感认同的读本。结合英语阅读的项目化学习,朱老师设计了一个为期两个月的"《小王子》——同学带你读名著"项目,旨在激发学生们对自我性格、学习等方面的思考。

在一周网课适应期后,一系列的问题接二连三地暴露出来。面对学生在线课堂"挂机"打卡、面对屏幕发愣缺少主动思考能力等问题,我想出了一系列兵来将挡、水来土掩的小策略,并设计出了一个为期1—2个月的项目,让学生自行探索学习,形成项目成果。

根据学生现有的情感认知和英语语言的基础,我找到了《小王子》的英文译作

作为学习的文本资料。《小王子》语言相对简单,但在细读之下能激发学生对当下自己性格、学习等方面的思考。于是,本次项目化学习的驱动性问题设定为:如何为你的同学们上好一堂英语阅读课?

根据时间节点和项目化的操作,我将《小王子》项目流程设计为:

(1) 将全英文的学习文本发给学生,让学生们通过钉钉软件在线编辑功能进行分组,为后续学习做好基础铺垫。

(2) 在线上教学过程中,教师以录屏的方式为学生们上课、讲解习题等,学生以这种形式作为参考,以小组为单位,为同学们讲解每个章节的主要内容,同时录制讲解视频。

(3) 视频的制作,不限制学生的分工合作方式,不限定学生使用哪些软件和方法,但在学生寻求帮助时提供自己的指导和建议。

(4) 负责每个章节的小组,需提前完成视频并发给教师,由教师在课堂上统一播放,并在学习结束时进行简单评价,同时邀请学生们谈谈他们对于章节内容的理解以及对视频进行评价。

持续两个月的"同学带你读名著"项目,不仅展现了小组的合作能力和学生的个性表达,而且通过"初始阅读—章节细读—分享讨论—素材搜集—PPT制作—课堂分享"这些环节,"小老师"们在自我调整、互相借鉴、形成共识等有序的过程中,实现了主动学习、深度学习。

(三) 第三维度:有趣

"有趣"是课堂教学的激发点,有着激活和唤醒的作用。一是在课堂上安排能够提升学生学习兴趣和积极性的教学内容,激发学生的内在学习激情;二是能够设计调动学生情绪的教学方法,并适时地进行能触动心灵的鼓励与表扬;三是保持良好和谐的师生、生生关系,在教学过程中使学生有最大化的收获和提高。

【案例三】引入生活素材,让课堂别有乐趣

在一次公开课实践中,我找到了值得尝试的方法:情境教学。这是一堂"水的

净化"教学课,在课的一开始,我做了一件"让人吃惊"的事:我往清水中滴了一滴红墨水,并加入了少量泥沙,清水瞬间变成了一杯浑浊的"血水"。看着学生们惊讶的眼神,我追问道:"请大家思考一下,我们怎样才能将这杯浑水重新变清澈?"学生们的兴趣瞬间被激起,跃跃欲试的表情在他们脸上呈现。

带着迫切想要解决问题的心态,在过滤、蒸发、蒸馏的学习过程中,学生们的参与热情高涨、思维活跃、互动踊跃。在实验的过程中,每个学生都露出了一展身手的架势,精准刻度、轻拿轻放、反复操作、反复尝试,各个实验小组之间还竞争了起来,都想第一个完成浑水变清水的操作。实验的复杂步骤,不仅没有让学生们丧失信心,更是让他们认识到污水处理的艰难,同时还形成了保护水源从我做起的环保意识。

化学教研组大胆引进"生活"元素,创设多样化的"生活情境",通过一个个有趣的实验让学生们一探究竟,在"发现—探索—成功—再发现"的过程中,学生们体验到了学习的乐趣。

(四) 第四维度:有效

"有效"作为课堂教学的着力点,更是教学目标的落实与达成。一是教师设定的教学目标能够基本实现;二是教学的投入与产出成正比,学生愿意参与课堂的各项活动,并通过学习有明显的进步感,教师经过课堂教学后有明显的成就感,学生有后续学习的欲望和冲动。

【案例四】巧用学生错题,让课堂变得有实效

在进行有理数的混合运算时,学生们的错误往往较多,不仅有常见符号和运算顺序的错误,还有前面分数运算所遗留下的错误。于是,在教学这个内容时,我就把重点放在了课堂练习上,并有了"让他们的错误暴露无遗"的想法。我拿出课前精挑细选的几道练习,安排学生上黑板演算,然后请下面的同学当老师,找错、纠错、议错。一道题,有时需要几个学生帮助、修改,共同完成。

一节课下来，我收获了意想不到的效果，在争论、合作中，学生的学习能动性得到了充分发挥，气氛异常活跃，而有理数混合运算的知识也得到了有效巩固、深化和构建。

坐在办公室，我不断思考。有理数的混合运算涉及的知识多而杂，除各种运算法则以外，还牵涉去括号、运算律的灵活运用，小数分数和绝对值的运算等。我把学生的错误展示出来，请大家帮忙评错，不仅仅是让他们明白错在哪里、如何改错，更重要的是通过这一系列的纠错，重新构建了正确的知识体系。可以说，这是师生共同对知识进行梳理、归纳和建构的最佳时机。

不仅如此，数学教研组还充分发挥"微课"的课堂辅助效能，通过网络平台，无限次地重复回放教学内容，满足不同学生的个性化需求，将知识点进行精准切割，最大限度地调动学生的学习兴趣和积极性，让学习变得真正有效。

四、"四有课堂"的教学成效与思考

（一）"四有课堂"教学成效

"四有课堂"的尝试被教师和学生们所接受，且熟稔于心；不仅改变了课堂教学的模式，更是大大提升了学校教学的质量。

1. 全体教师共同参与，探寻学科内在生命力

作为学校课堂教学改革的实践者，每个教师都积极主动参与到"四有课堂"教学模式的实践和研究中来，各学科教研组和备课组从教学实际出发，基于现实的教学情况进行研究，为解决教学中的实际问题寻找有效的方法，不断寻求突破。

语文教研组的"问题化的教学设计"，将问题作为整个课堂的生命主线，让每位学生在课前预习时，将自己的困惑、疑虑通过问题的方式"问出来"，随后在课堂上同学们互相解答、教师分析提示，从而做到有针对性地"学"，让学习变得更为"有的"。物理教研组以"物理声音"为出发点，开展项目化的教学探索，由点及面，

再由普及到专题,不仅有了"如何让船装得多""近视眼的预防和矫正"等力学普及项目、凹凸透镜普及项目,还形成了"小型音乐会"等专题项目,在"有序"中推动着教与学的生成。

2. 分阶段分维度研磨,助力课堂教学质量提升

近两年来,学校围绕"四有课堂"教学模式,有目的、有计划、有重点、有步骤地组织了一系列专项的教学展示和主题研讨活动。以一学期为一个阶段,侧重一个维度,开展学科研磨。例如,2022学年第一学期,重点围绕"有的"这个维度,开展了以"核心素养为引领,学科德育立课魂"为主题的青年教师教学评比活动;2022学年第二学期,重点围绕"有趣"这个维度,开展了以"探索'四有课堂',提升教学效能"为主题的教学展示和研讨活动;2023学年第一学期,重点围绕"有序"这个维度,开展基于"四有课堂"的教师课堂教学评价素养的实践研究;2023学年第二学期,重点围绕"有效"这个维度,继续开展基于"四有课堂"的教师课堂教学评价素养的实践研究。

经过两年的实践探索,完成了对"四有课堂"的一轮行动研究和教学实践探索。这一系列教学展示与主题研讨活动不仅为"四有课堂"教学模式的实践、探索、研究提供了大量课堂案例,更是有力地提升了教师的课堂教学质量。两年来,学校教师队伍的结构也不断优化,区学科带头人、区骨干教师、高级教师的比例也在逐年上升。教师、学生在各级各类竞赛中获得的荣誉和奖项也呈不断上升的态势,多位教师在市、区教学比赛中获奖。

3. 完善"四有课堂"教学内涵,构建"四有课堂"评价表

在"四有课堂"的教学实践中,不难发现,"有的""有序""有趣"共同指向了课堂教学的"有效"。在实践、探索、研究的过程中,不仅形成了一系列的教学案例和教学论文,并且结合《义务教育课程方案》和各学科课程标准,继续挖掘和完善"四有课堂"教学内涵,给予了"四有课堂"教学模式全新的内涵阐释。与此同时,在不断开设主题研讨展示课的教学实践中,构建了更为合理具体的、可操作的《上海市北蔡中学"四有课堂"教学评价表(2.0版)》(附表)。

上海市北蔡中学"四有课堂"教学评价表(2.0版)

时间：___月___日 星期___ 上、下午 第___节 学科：_____
班级：_____ 课题：_____ 执教教师：_____

评价指标			评价标准		
序号	名称	指标要素	评价因素	分值	评价分
1	有的	目标科学	课时教学目标明确、要求具体、表述准确，具有科学性	10	
		符合实际	符合学科课程标准，符合学生的认知规律和教学实际	10	
2	有序	教学逻辑	教学环节设计合理，教学步骤紧凑、张弛有度	10	
		教学规范	表达准确、清晰，教学流程规范，教学板书清楚，合理使用信息技术	10	
		教学秩序	教学互动有序、民主、和谐	10	
3	有趣	教学趣味	创设情境，善于激发学生的学习兴趣和求知欲	10	
		学习兴趣	学生学习主动、积极、投入，敢于发表自己的观点	10	
4	有效	课堂时效	教学氛围浓郁，教师善于引导，学生参与广、思维活跃	10	
		教学成效	目标达成度高，教学内容——落实，并能凸显学科内涵	10	
		学习实效	目标达成度高，各个层次的学生都能有所收获	10	
一个优点				综合评价总分	
一个不足					
一条建议					

（二）思考

"四有课堂"教学实践作为学校教学质量与常规管理的一个重要抓手，已渐渐成为学校管理的重点项目。在"双新"的推进、"四有课堂"新一轮的实践和全新内涵阐释的基础上，学校将通过不断深入与实施，走出一条符合学校实际情况的管理之路，探究一种将教师个体与学校队伍建设、学生发展与个性需求共通共融的学校教学管理新模式。

第一部分
"四有":点燃教学设计的灵感

生而为师,课堂,永远是履行使命的场所。上"好课"的愿望,是成为一名成功教师的动力;具备上"好课"的本领,是教师专业化发展的基础。而上"好课",必定是从好的教学设计开始的。

什么是"好课"? 不同的人、站在不同视角,会有不同的答案。

我们认为:一堂"好课",可以有不同的看法和标准。但是,"教"的行为,是从"预设""引导"到"达成"的流畅线条;"学"的行为,是从"预期""探索"到"成长"的流畅线条——这两根"流畅线条"能否组合成"和谐交响曲",才是核心和关键。

"四有课堂"的提出,使教师们从教学设计开始,从"一堂好课"所需要的方方面面进行构思和设计,从而为"和谐交响曲"的形成,提供了路径和方法。

我们注意到:教师们在这方面做了积极的探索,形成了一些成果。这里收集的 12 篇文稿,就是从教师们数十个教学设计方案中遴选出来。尽管这些"设计"未必十全十美,有的还有待教学实践的检验。但在这些设计方案中体现的教师们的智慧,值得肯定。

多维教学,开拓思维

——核心素养下的"四有课堂"教学实践与成效

上海市浦东新区御桥小学　袁芯茹

在发展核心素养的教育背景下,教育者们应积极探索高效且富有生命力的课堂教学模式,"四有课堂"教学模式便是在此背景下应运而生的创新实践。"四有课堂"不仅是对传统教学模式的超越,更是对现代教育理念的深刻践行。下文通过深度剖析与实践探索,展现"四有课堂"模式如何在小学语文教学中落地生根,促进学生核心素养的发展。同时提升教师的专业素养,激发学生的学习潜能,共同构筑一个以学生为中心、充满活力与创新的教育生态。

一、概念解读

1. 核心素养

在《义务教育语文课程标准(2022年版)》(下称"新课标")中提到,语文的核心素养旨在培养学生综合运用语言文字的能力,提升其文化认同感和审美鉴赏力。核心素养包括四大维度:文化自信、语言运用、思维能力和审美创造。文化自信要求教师培养学生对中华文化的理解与认同;语言运用则需提升他们的听说读写能力;思维能力强化批判和创新思维;审美创造激发学生对艺术与文学领域的探索。

2. "四有课堂"教学模式

"四有课堂"教学模式是对新课标的积极响应与深度实践。在小学阶段,尤其重视基础学科素养、信息素养、自我管理能力与人际交往能力的奠基。"四有课堂"正是基于这些核心素养的培养目标,设计出既符合学生认知规律又具有前瞻性的教学模式。教学模式中的"四有"包括有的、有序、有趣和有效。"有的"强调教学设计需明确目标,关注知识与能力培养,确保课程目标清晰、容易实现;"有序"强调教学组织需逻辑严密、步骤清晰,确保课堂各环节紧密相扣,有效促进深度学习;"有趣"强调教学应结合趣味性和互动性,采用多样化手段激发学生兴趣,创造愉快的学习环境;"有效"则注重教学成果、能力提升及价值观塑造,旨在通过多元评价体系确保教学实效性。

二、"四有课堂"模式的实践案例

1. 案例一:目标驱动,自然探索

在四年级语文第三单元"我的观察日记"的教学实践中,我围绕"体会文章准确生动的表达,感受作者连续细致的观察"的核心目标,精心设计了系列教学活动,确保教学有的放矢,目标明确。

活动一:"自然笔记大赛"。课前,我明确告知学生本次学习的目标是"学会观察自然现象,记录并描述身边的自然美景",并布置任务:每位学生需准备一本自然笔记本,记录一周内每天发现的一个自然现象,包括天气变化、动植物生长、季节特征等,并配以简短的文字描述或绘画。这一活动旨在让学生学会细心观察,并将观察结果以个性化的方式表达出来,同时培养持之以恒的观察习惯。

活动二:"小小绿豆养成记"。我精心策划了一场种植绿豆的实践活动。首先,我引领每位学生深入了解用水培育绿豆的步骤与方法,为接下来的实践做好充分准备。学生被要求细致观察绿豆的点滴变化,详细记录下观察的方式、过程,以及那一刻的思绪与情感波动。从最初那一粒粒小巧、坚硬的豆子,渐渐萌发出细长的芽,宛如一只只灵动的小蝌蚪,直至最终挺拔而立,宛如守护家园的小卫士。这微不足道的小生命,却蕴藏着惊人的力量,这一奇妙的发现让学生们欢呼雀跃,满心欢喜。正是这份生命的蓬勃力量,这份对未来的无限憧憬,让学生们在这次"趣味横生"的教学实践中,真正收获了"有的"。

通过这些目标导向明确的教学活动,学生不仅在知识层面增进了对大自然的了解,更在情感、态度和价值观上与自然建立了更深层次的连接。自然是神秘的,自然是奇妙的,自然是有魅力的。通过这个单元的教学实践,以"有的"为目标,不仅促进了学生综合素养的提升,还激发了他们探索未知、亲近自然的热情,真正实现了教育的"润物细无声"。

2. 案例二:穿越古今,体验文化

在三年级语文第三单元"探寻传统文化"的教学中,我巧妙设计了一系列沉浸式体验活动,旨在通过趣味化的教学方式,让学生亲身感受中华文化的博大精深。本单元以传统节日等课文为依托,开启了一场穿越时空的文化之旅。

活动一:"传统节日角色扮演"。学生们分成小组,分别代表春节、端午、中秋等中国传统节日,每组负责深入研究节日的历史由来、习俗、传说故事等,并准备一场小型舞台剧表演。通过角色扮演,学生不仅能学习到相关知识,还能在剧本创作、道具制作、角色演绎中体验节日氛围,加深对传统文化的理解与喜爱。

活动二:"非遗技艺工作坊"。传统文化制作在社会中扮演着多重角色。首先,它是文化传承的重要载体,将传统文化技艺代代相传。其次,传统文化制作具有社会凝聚功能,能够增强人们的认同感和归属感。此外,传统文化制作还具有一定的教育功能,能够培养人们的审美能力和创造力。为此,我开设了"剪窗花"活动,包括设计、选材和裁剪。我带着学生们一起设计一些富有中国味的图案,如"龙凤呈祥""富贵花开"。原本只在书本上看到过的窗花,一下子在学生们的手里活了起来。鲜艳明快的红色宣纸承载着学生们对于传统文化节日的期盼,也是对非遗技艺的一种传承。

通过这一系列创意纷呈的活动,原本略显抽象的传统文化知识变得鲜活而富有趣味,学生们在亲身参与、深切体验与创意创造的过程中,悄无声息地汲取并深刻理解了文化的精髓所在。"探寻传统文化"单元所开展的"妙趣横生"的课堂实践,不仅极大地丰富了学生的学习历程与体验,还成功点燃了他们对传统文化的浓厚兴趣与由衷自豪感,更为中华文化的传承与发展播撒下了希望的种子,充分彰显了"四有课堂"中"有趣"这一维度的广阔天地与无限潜能。

3. 案例三：创意写作，共享童趣

在三年级语文第六单元"多彩童年"的写作教学中，我围绕"记录美好童年，抒发真挚情感"的教学目标，精心策划了一系列有效的教学活动。首先，课堂以"时光相册"为引子，通过展示不同年代儿童的生活照片，引发学生对童年时光的共鸣与思考。随后，采用"头脑风暴"技巧，鼓励学生分享自己最难忘的童年经历，教师适时记录关键词汇，构建一个共同的素材库，为写作提供灵感来源。

进入习作指导课时，我率先向学生们抛出问题：倘若我们要勾勒一个人物形象，最初的着眼点会落于何处？学生们不谋而合，纷纷回应——外貌特征。随即，我鼓励大家拿起手中的画笔，将心中欲描绘的人物画在纸上。五彩斑斓的画笔仿佛为创意插上了翅膀，学生们的热情瞬间被点燃，创作氛围热烈非凡。待晚上回到家里准备开始写作时，面对着自己亲手绘制的作品，学生们再度提笔，心中关于这个人物的诸多故事如泉涌般流淌至笔尖。那些细腻的情感、生动的情节，在与画作的共鸣中一一浮现。完成后，学生们纷纷向我反馈："老师，您这方法简直是妙不可言！"

通过分析经典儿童文学作品中细腻的情感流露与入微的细节刻画，我悉心引导学生们学习如何在撰写"身边有特点的人"这一习作时，巧妙融入个人真挚情感与敏锐观察。为确保教学的实效性，我采用了"同伴互评＋教师精析"的双轨评价体系：学生们首先在小组内轮流阅读彼此的草稿，提出富有建设性的修改建议；随后，我精心挑选几篇具有代表性的作品进行全班展示，并逐一进行细致入微的点评，既大力表彰其中的闪光点，也不吝指出有待提升之处，力求每位学生都能从同伴的佳作中汲取灵感，同时深切感受到自己作品被细致审阅与珍视的成就感。

通过本案例的实践，我们见证了"有效"课堂的构建不仅在于知识传授的直接成效，更在于激发学生的内在动力，培养其表达自我、欣赏他人、享受创作的乐趣。"多彩童年"单元的教学探索，以创意写作为核心，融合了情感教育、同伴互助与信息技术，充分体现了"四有课堂"的有效性追求，为学生留下了一段难忘的学习旅程,也为语文教学的创新实践提供了生动范例。

从上述实践探索中,可以看出"四有课堂"并非单纯的理论构想,而是能够深度融入每一门学科、每一个教学环节中的实践策略。它要求我们教师不仅要具备深厚的专业知识,还需拥有创新的教学思维,能够灵活运用各种教学资源与方法,以学生为中心,不断优化教学过程,最终达到全面提升学生核心素养的目的。这些实践案例,为"四有课堂"的进一步推广与深化提供了宝贵的实践经验与启示。

三、"四有课堂"模式的实施策略

1. 教学设计的创新策略

在推进"四有课堂"的实践征途中,创新教学设计无疑是解锁高效教学的关键密钥。首要之举,技术融合大放异彩,成为提升教学效率不可或缺的重要推手。借助多媒体技术与丰富的网络资源,诸如在线互动平台、虚拟实验室等,我们得以将抽象概念具象化,为学生构建起直观的学习桥梁,极大地增强了他们的学习体验与沉浸感。紧接着,情境化学习策略如雨后春笋般广泛涌现,通过精心创设贴近生活的教学情境,让学生在解决实际问题的过程中,自然而然地掌握知识,并在此过程中锻炼与提升应用能力,实现学以致用。

此外,个性化教学计划的制订更是彰显了教育的温度与深度。我们充分尊重学生间的个体差异,灵活运用分层教学、个别辅导等多元化教学手段,确保每位学生都能在自己最舒适的节奏中茁壮成长,收获属于自己的学习果实。

2. 面临挑战与应对措施

尽管"四有课堂"以其前瞻性的理念引领教育创新,但在具体实施过程中,依然遭遇了诸多亟待克服的挑战。首要且核心的,是我们教师教学能力的持续提升。教师需要不断汲取新技术、新理念的营养,精进自身的教学设计与实施能力,以适应这一先进教学模式的需求。其次,资源与环境的支持同样构成了不容忽视的挑战。合理规划与配置资源,无论是硬件设施、教学材料的配备,还是课程时间的安排，都需为"四有课堂"的顺利实施奠定坚实的物质基础。同时，营造一种开放、包容的校园文化氛围也至关重要，让每一位教师都能在无拘无束的环境中自由翱翔，共同推动"四有课堂"的蓬勃发展。

3. 家校合作的重要性

家校合作是"四有课堂"成功实施不可或缺的一环。家长的理解和支持可以为学生创造理念一致的学习环境，延续学校教育的效果。学校应主动搭建沟通平台，如定期家长会、家校联络簿、在线家长社群等，分享"四有课堂"的理念与实践成果，邀请家长参与学校活动，共同促进孩子的全面发展。此外，提供家庭教育指导，帮助家长掌握科学的教育方法，形成家校共育的良好氛围。

4. 持续的改进与评估

"四有课堂"的实践是一个动态调整与持续优化的过程。建立有效的评估反馈机制至关重要，不仅包括对学生学习成果的评估，也涵盖对教学设计、实施过程的反思与调整。通过定期收集师生反馈，利用数据分析工具，识别教学中的亮点与不足，为后续教学策略的调整提供依据。同时，鼓励教师形成研究型思维，将教学实践与教育科研相结合，不断提升"四有课堂"的理论与实践水平。

四、"四有课堂"模式的效果反思

1. 多维度评价学生

经过一段时间的深入实践探索，"四有课堂"在学生成长道路上留下了显著的印记。首先，在学业成绩方面，得益于清晰的教学目标与井然有序的教学过程，学生的基础知识掌握得更为扎实，成绩普遍实现了稳步提升。其次，学生的综合能力得到显著提升，特别是在批判性思维、创新能力、团队协作以及社会实践能力上，均展现出了超越以往的卓越水平。通过项目式学习、情境模拟等一系列丰富多彩的教学活动，学生的动手实践能力和问题解决能力得到了充分的锻炼与提升。

再者，从情感态度与价值观的角度来看，"四有课堂"同样带来了令人瞩目的正面变化。学生对学习的热情显著高涨,面对挑战时展现出了更加积极主动的态度。同时,他们的责任感与同理心也在这一过程中得到了有效的培养与提升,为成为全面发展的人才奠定了坚实的基础。

2. 完善教师成长轨迹

"四有课堂"的实施不仅促进了学生发展,也极大地推动了教师的专业成长。教师在设计和实施"四有课堂"的过程中,不得不跳出舒适区,不断学习新的教学理论与技术。这不仅拓宽了我们的专业知识面,也提升了教学设计与实施的灵活性与创新性。通过同伴互评、自我反思和参与教学研究,我们的自我评价能力和专业自信显著增强。更重要的是,这一过程加深了我们对"以学生为中心"教育理念的理解,促进了教育观念的现代化转型。

"四有课堂"的实践探索无疑是一场需要教育者坚持不懈、持续深耕的"持久战",它呼唤着教育者矢志不渝的努力以及社会各界的广泛参与和支持。通过持之以恒的成效分析与深刻而细致的反思,我们坚信,"四有课堂"将在提升教育质量、促进学生全面发展的道路上扮演愈发重要的角色,为培育适应未来社会需求的高素质人才贡献不可或缺的力量。

五、结语

教育本质在于激发学生的好奇、创新和责任感,而非单纯地灌输知识。"四有课堂"体现了这一理念,强调在传授知识的同时注重学生的全面发展。面对新课标的要求,教师们应持续创新合作,结合新技术与教学理念,借助"四有课堂"模式促进学生核心素养的养成,推动教育更好发展。

参考文献

[1] 武庆开.语文教学"四有"课堂[J].中学语文教学参考,2020(17):75-76.

[2] 何瑞强.构建小学语文"四有"课堂的实践探索[J].读写算,2020(22):77.

[3] 林文婷.聚焦"四有课堂":跨学科学习任务群刍议[J].学苑教育,2023

(23):9-11.

[4] 蔡幸坡.基于核心素养培育的"四有"好课堂[J].青海教育,2024(Z1):84.

[5] 李薇.谈"四有"小学语文课堂的建设[J].小学生作文辅导(上旬),2022(8):42-44.

指向审美创造素养的初中语文"四有课堂"教学策略研究

上海市北蔡中学　张陆晨

"四有课堂"是一种以核心素养为导向的教学模式,强调"有的、有序、有趣、有效"四个要素。具体而言,"有的"确保课堂有明确目标,保证教学的方向性;"有序"强调教学的逻辑性和规范性,提升课堂的高效性;"有趣"注重师生互动,激发学生的学习兴趣;"有效"则关注教学成效与师生共同的成就感,提升课堂质量。该模式旨在提高课堂效率、培养学生综合素质,并促进教师专业成长。

在初中语文教学中,随着核心素养教育理念的深化,学生审美创造素养的培养愈加受到重视。在这一背景下,"四有课堂"模式作为一种以核心素养为导向的教学方式,具有重要的实践意义。本文将结合"四有课堂"模式,对指向审美创造素养的教学策略进行研究,旨在为教师提供切实可行的教学路径。

一、初中语文"四有课堂"教学模式下指向审美创造素养的培养存在的问题

(一)所处环境对审美创造素养培养的重视度不够

在现有的评价体系中,部分教师、学生、家长把成绩作为考核的第一要素,但审美创造素养并不能用短期的结果性量化的形式加以反映。尤其是在"四有课堂"模式下,虽然强调课堂要有明确目标并达到有效教学,但由于审美素养无法通过简单的量化指标来评价,这一部分内容往往被忽视,缺乏相应的实践。

(二)教学方法较为单一,无法激发学习兴趣

在语文教学中,部分教师忽略了课文在其所在单元甚至是教材的整体结构中所起的作用。尤其是一些古诗文作品,与学生的日常生活较为遥远,若仅通过教授法来进行教学,容易使学生感到晦涩难懂,缺乏对文学作品的审美感知和创造性思维的激发。

(三)缺乏对于有效教学策略的研究和探讨

审美创造素养作为一种较为抽象的能力,缺少相对切实可行的教学策略。虽然"四有课堂"提倡有效的教学模式,但在审美创造的具体实践中,很多教师尚未形成有效的教学策略,教学过程缺乏针对性,这导致了审美创造素养的培养仍停留在表面,未能有效激发学生的创造潜力和审美深度。

(四)受应试教育影响,教学追求较为功利

传统的应试教学模式依然存在于语文课堂,教师迫于考试压力容易"一言堂",忽视了要给学生主动表达的机会。这种较为功利化的教学模式与"四有课堂"中提倡的"有趣"与"有效"的理念相悖,审美创造素养的培养未能得到应有的关注,导致课堂氛围过于单调和压抑,缺乏审美的活力和创造的空间。

二、初中语文"四有课堂"教学模式下培养学生审美创造素养的意义

(一)对推动核心素养的整体发展有着积极作用

在"四有课堂"模式下,通过明确课堂目标、规范教学流程、激发学生兴趣和提高教学效能,审美创造素养的培养能够促进学生核心素养的全面发展。学生通过语言文字的创造性运用,不仅能够加深对文学作品的理解,还能培养创新思维和批判性思维,全面提升其综合素养。

(二) 对完善学生人格和提高艺术修养有着深远影响

"四有课堂"强调教学中的互动性和参与感,这为学生提供了更多的审美创作空间。通过有目的的引导和有序的教学设计,教师能够激发学生在文学创作和欣赏中的深度参与,使其在审美体验中形成个性化的艺术修养和审美情趣。课堂中的审美创作活动不仅有助于学生的艺术修养提升,更能帮助其塑造健全的人格,树立正确的价值观和人生观。

(三) 对增强学生的文化自信有着推动作用

文学经典蕴含着丰富的民族文化精华和深刻内涵。通过深入鉴赏和学习这些经典作品,可以有效增强学生的文化自信,促进他们对中国传统文化和历史的深刻认识。这样的自信有助于学生成长为在全球化时代背景下,仍能坚持并彰显自身文化特征的民族情怀和国际视野兼备的人才。

三、初中语文"四有课堂"教学模式下指向审美创造素养的教学策略

(一) 加强学生朗读训练,增强审美感知能力

新课程标准明确规定了第四学段在"阅读与鉴赏"领域的要求:需能够使用标准普通话,做到朗读准确、流畅且充满情感。在朗读实践中,应着重于积累、体会及应用。朗读,作为培养学生审美感悟力的最直接途径,具有不可替代的作用。基于"四有课堂"理念的设计,可以使朗读训练更加有序,还能够有效地培养学生对美的敏感度,帮助学生建立审美感知能力。在"四有课堂"的教学模式下,朗读不再是单纯的语言训练,而是结合教学目标和课堂情境的富有组织性的艺术活动。朗读策略必须在"有的、有序、有趣、有效"的课堂理念指导下,精准有效地帮助学生培养对文学作品的感知力和创造力。

1. 选择适合的文学作品,激发情感共鸣

教师在选择朗读作品时,应遵循"有的"的原则,即作品应符合学生的认知水

平、情感需求和审美情趣。选择合适的文学作品对学生的情感发展和审美修养有深远影响,既能提高学生语言表达能力,又能帮助学生在朗读过程中激发情感共鸣,进而开阔视野,丰富内心世界。文学作品的情感色彩、语言魅力和艺术表现力对学生的审美感悟起着至关重要的作用。

以《盼》为例,作品以幼儿的天真烂漫和对未来的期盼为主题,符合学生在关键时期的情感需求。学生通过朗读心理描写,与作品中的情感产生共鸣,不仅有助于满足自己在生活中的期盼,还能增强对文字所传达美感的感知能力。

2. 注重朗读的节奏、语调与情感表达

语言艺术中最主要的就是朗读的节奏和语气。它们不但有助于学生对作品的感情色彩的理解,而且对朗读的表现力、感染力有很大的增强作用。学生通过朗读,在作品中体会到美与思想,可以直接和课文中的情感产生共鸣。教师在朗读中要引导学生抓住节奏感、语气变化、情感抒发,使朗读不再是简单的语音输出,更是一种深刻展现文本情感与美的过程。

在朗读《浪淘沙(其一)》时,教师通过精心设计的停顿、语调高低起伏等技巧,将诗的壮美气势及深刻的情感表现出来。如:通过语音的拉长、语调的上扬、声律的铿锵有力,朗读出黄河浩荡、气势磅礴的气概,学生在朗读的同时既读懂了诗人笔下的壮美,又感受到了诗人豪迈、激昂的情绪。这种朗读中的韵律感和语气变化,使学生在朗读的过程中既体会到了语言之美,又从文字中感悟到了情感的深层升华。

3. 创设朗读情境,增强审美体验

为了帮助学生更深刻地感受与鉴赏文学作品中的美,教师还可以通过具体情境的创设来增强朗读的趣味性及表现力。学生可以通过情景模拟及角色扮演等途径,在朗读过程中加深对作品以及美的认识,从而更好地融入作品,体味人物情感变化。

例如,教师在进行《背影》一课的教学时,组织学生把父亲和孩子的部分朗读出来,在角色之间真实地体会情绪上的起伏。学生在朗读父亲临别时的叮咛,孩子临别时没有说过的难过的时候,通过声音的高低、节奏的快慢、语气的轻重变化，可以更深刻地理解作者的情感，并增强朗读的情感表现力。这种创造性的朗读形式让学生更真切地感受父爱与别离的情感，体会作品深沉的美感。

朗读的韵律、语调和情感的抒发，给学生们提供了一种感悟美、体味美的方法。通过认真的朗读训练，学生在语言的旋律中领略到文学作品的情感深度和艺术魅力，审美能力和文学素养得到增强，从而达到寓教于乐的目的。

（二）引领学生细读文本，提升审美欣赏能力

审美鉴赏能力是学生对文学作品欣赏和理解的核心能力，尤其是在初中语文教学中，学生的审美鉴赏能力逐渐进入了一个新的发展阶段。在"四有课堂"中，教师需要帮助学生建立起系统的语言审美鉴赏能力，从语言、情感、艺术手法等方面进行细致的文本分析。在这个过程中，细致的观察和深入的分析是必不可少的一环，教师既要帮助学生发现作品中的艺术魅力，又要引导学生理解作品背后的思想内涵和文化背景。

1. 培养学生关注细节的习惯

在文学作品中，细节是指那些看似微小但富有深意的语言、描写、情节、结构或修辞等元素，它们能够传达作品的情感、思想、人物性格以及艺术魅力。培养学生关注细节的习惯，可以从以下几方面入手：

① 语言细节

词语的选择：作家在表述时往往选用精准的词语、细致的语言来体现人物的情感、性格等方面的特点。如《记承天寺夜游》"怀民亦未寝"中的"亦"字，看似简单，却暗含着张怀民与苏轼相似的心境，两人因相同的纷扰而不眠不休。

修辞手法：如比喻，拟人，排比等。学生通过对这些修辞方法的分析，能有效地感受到作品语言中的艺术美感。如《北京的春节》中将腊八蒜比作翡翠，喻体的选择反映出作者对传统文化的珍视。

② 情感细节

人物的言语与行为：比如在《咏雪》中，作者就以"差可拟""未若"两个词语，在

细节中一览无遗地表现谢道韫在自我比较中更自信的姿态。

人物的内心活动：许多作品把复杂的情感通过人物的内心活动表现出来，对学生理解人物动机、感悟都有很大的帮助。如在《记承天寺夜游》中，张怀民、苏轼因仕途不顺而感同身受、不眠不休的细节，道出了两人共有的寂寞与失落。

③ 环境与背景细节

自然景象的描写：通过对自然景象的描写，作家往往能传递人物的内心世界或整篇作品的基调。比如《书湖阴先生壁》中对山水的描写，通过"护"和"送"两个词展现了山水的人格化，传神地描绘了人与自然的亲近关系。

2. 通过对比和讨论深化审美理解

对文本进行细致的审美认识，既要分析文本的细节之处，又要帮助学生从不同的角度去认识作品中的情感，从思想内涵上理解作品，通过对比讨论的方式深化审美理解。在"四有课堂"模式下，教师要多角度、多层次地引导学生对课文进行解读，从多方面、多层面加深学生对课文的理解，并创造性地组织讨论活动。

教师通过对比《岳阳楼记》《小石潭记》《醉翁亭记》等，帮助学生深入了解不同作者在写景、抒情、议论等方面的艺术手法，以及在情感表达上的异同。如范仲淹在《岳阳楼记》中通过写景、抒情和议论相结合的手法，既描写了自然山水，又寄托了忧国忧民的深沉情感。而在《醉翁亭记》中，欧阳修通过写景与抒情相结合的手法，将自己对闲适生活的享受和超脱世俗的哲理表现得淋漓尽致。

在对两部作品进行比较时，教师除了要引导学生对作品艺术手法、情感表现的关注外，还应鼓励学生对文本中的语言、修辞、结构等细节进行细致地观察，以深刻认识与理解作品所传达的思想感情。学生通过细致的观察，能感受到不同作品在情感气质、艺术风格等方面的不同之处，而这种差异又是审美鉴赏的一个重要方面。

此外，教师也可组织全班学生或以小组为单位进行讨论，使学生通过交流与碰撞，将自己的观察与感悟分享出来，从而进一步加深对本作品的认识。教师在讨论过程中要从不同角度、不同层面，积极引导学生对文本进行解读，鼓励学生各抒己见，提出自己的疑问，以培养学生的思辨能力和审美创造能力。

(三)学生尝试迁移运用,优化审美创造能力

审美创造是初中语文教学中不可或缺的一环,它要求学生在积累了审美感知与鉴赏能力后,能够将这些能力迁移运用到实际的写作与表达中,从而优化并有效提升自己的审美创造能力。

1. 点燃创作激情,培育审美创造意识

教师要积极引导学生阅读既有丰富的情感、优美的语言,又有深远的意境,能激发审美共鸣的经典文学作品,以激发学生的创作热情,培养他们的审美创造意识。以《小站》为例,教师可以引导学生深入剖析小站的温暖和独特之处,鼓励他们尝试将生活中的小确幸用相似的手法描绘出来,从而培养他们的审美创造意识。

2. 实施多元化写作锻炼,完善审美创造过程

设计多样化的写作训练方案,对增强学生的审美创造能力也有很大的帮助。在初中语文教学中,教师可结合教材内容设计续写、改写、扩写等一系列富有创意的作文任务。如教师可分享《桃花源记》水彩画视频等不同表现形式的作品,引导学生展开合理想象,在进行富有成效的审美创作活动的同时,欣赏中国传统的图画之美。这种跨媒介的教学方式,不仅可以帮助学生了解作品背后的文化内涵和审美价值,而且可以使学生的审美创作热情和创造力得到进一步的激发。

3. 结合具体文本,进行仿写与创作

仿写既加深了学生对原文的理解,又促使学生在实践中探索如何将经典作品的表达手法转化为自己的创作语言,是提高学生审美创造能力的有效途径之一。而这种由模仿到创新的转变,恰恰是审美创作能力得以增强的一个要义。在学习《昆明的雨》中,通过关注汪曾祺笔下的昆明之美,鼓励学生试着把散文改写成诗歌。学生通过这一过程学会了如何捕捉并表达生活中的细腻情感,怎样把引人入胜的意境建构在文字之间。

4. 搭建展示平台,促进审美创造交流

多元化展示与交流平台为学生创造了成长环境,学生的创造能力得到不断增

强。比如在班级内设立文学角,使学生近距离欣赏彼此的作品,感受不同风格的审美表达。在语文课上,为学生提供宝贵的交流机会,通过组织课前文学作品推荐、作品分享会等活动促进审美观念的碰撞与融合。同时,学校公众号也能成为展示学生优秀作品的平台,鼓励学生积极投稿,形成良性循环。这种创新的做法使学生的审美创作能力得到了很好的发挥,从而达到了提高审美创造素养的目的。

综上所述,本文既探索了初中语文"四有课堂"教学模式下培养审美创造素养的意义,又提出了加强朗读训练、引导学生关注细节、尝试迁移应用等提升审美创造素养的切实可行的教学策略。但值得注意的是,对于本文所阐述的观点和实施方案,还需要更广泛地验证和深化,因为教学实践是一个不断探索、逐步完善的动态过程。期待本文有助于推动学生核心素养全面发展,夯实终身学习的基础,完善学生的人格修养以及为初中语文教学实践提供有益参考!

参考文献

[1] 中华人民共和国教育部.义务教育语文课程标准(2022年版)[M].北京:人民教育出版社,2022:4-10,23-29.

[2] 王荣生.语文科课程论基础[M].上海:上海教育出版社,2003:125-132.

[3] 余文森.核心素养导向的课堂教学[M].上海:上海教育出版社,2017:67-75,154-162.

[4] 王荣生.语文教学内容重构[M].上海:上海教育出版社,2007:89-96,134-142.

[5] 张华.课程与教学论[M].上海:上海教育出版社,2000:203-210.

[6] 蒋军晶.让学生学会阅读——群文阅读这样做[M].北京:中国人民大学出版社,2016:102-110.

[7] 温儒敏.语文课改与文学教育[M].南京:江苏教育出版社,2007:156-163.

[8] 赵福楼."四有"好课:标准·要求·特征·策略[J].天津师范大学学报(基础教育版),2015,16(4):45-49.

[9]蔡敏.基于核心素养的课堂教学变革[J].教育研究与实验,2018(6):41-46.

[10]叶澜."新基础教育"课堂教学改革的实践探索与理论思考[J].教育研究,1997(7):33-39.

新课标视域下"三步法"培育小学生数学眼光的实践与研究

上海市浦东新区北蔡镇中心小学　费忆凡

《义务教育数学课程标准(2022年版)》(以下简称"新课标")中指出,课程目标的确定,立足学生核心素养发展,集中体现数学课程育人价值。数学课程要培养的学生核心素养,主要是培养学生"会用数学的眼光观察现实世界"。通过数学的眼光,可以从现实世界的客观现象中发现数量关系与空间形式,提出有意义的数学问题;能够抽象出数学的研究对象及其属性,形成概念、关系与结构;能够理解自然现象背后的数学原理,感悟数学的审美价值;形成对数学的好奇心与想象力,主动参与数学探究活动,发展创新意识。在义务教育阶段,数学眼光主要表现为:抽象能力(包括数感、量感、符号意识)、几何直观、空间观念与创新意识。[1]

核心素养导向下"四有课堂"的构建包括:"有的",有目的、有目标,是课堂教学的灵魂所在;"有序",不仅是单纯的课堂秩序,更应有系统的逻辑性,是课堂教学的规范;"有趣",是课堂教学中师生间的一种相互吸引;"有效",既是课堂的效能,更是师生共同建立起来的教与学的成就感与归属感。

反观之前的日常教学,学生对于数学课堂的探究热情从低年级至中高年级,呈下降趋势,其原因归咎于知识点纵深推进,密度变大,节奏变快,学生兴趣度降低。学生对于数学与生活的紧密联系感知不深,认为数学仅限于课堂学习,未深刻体会到选用合适的数学工具解决实际问题的妙处。学生对于解决系列性、复杂性实际问题的能力不足,欠缺大局观,欠缺跨学科运用知识与技能解决实际问题的经验与能力。

笔者以新课标为引领,剖析学生实际情况,以"三步法"探索新课标视域下小学生数学眼光的培育。其一,"数"你精彩,创设真实情境与实际问题,激发学生的学习兴趣,培育学生会用数学的眼光观察现实世界;其二,"数"你高效,渗透各类数学工具的优势,引导学生养成使用数学工具的习惯,培育学生善用数学的眼光观察现实世界;其三,非你莫"数",跨学科运用知识与技能,激发学生的深度思维,培育学生综合运用数学的眼光观察现实世界。

一、"数"你精彩,会用数学的眼光观察现实世界

新课标指出通过义务教育阶段的数学学习,达成学生对数学具有好奇心和求知欲,了解数学的价值,欣赏数学美,提高学习数学的兴趣,建立学好数学的信心的目标。以往常规的数学课堂教学,对于导入环节的形式并不设限,可以是旧知迁移、视频导入、归纳导入、转换导入等多样形式。为更好落实新课标,笔者在日常教学中强调真实情境的创设,其优势不仅在课堂伊始便激发学生的学习兴趣,提升学生主观能动性,而且有助于将数学抽象的知识与实际情境相结合,形成更为深刻、具象的理解和记忆。

在执教一年级上册综合与实践单元中的《我是小学生——认一认》一课时,基于教学目标:在具体的情境中,感知"上、下、前、后、左、右"的含义,能用规范的语言表达,感受数学就在身边,明确课程内容为2024版新教材中第一单元的教学内容,是学生进入小学后一周内数学学科的主要内容,以生动有趣的情境创设导入课堂:小眼睛亮晶晶,小嘴巴笑哈哈!请你担任小导游,向伙伴介绍温馨教室里你最喜欢的一个小角落,里面藏着什么小宝藏,以及你为什么喜欢这儿。

一年级学生处于幼小衔接起步阶段,聚焦学生进入小学之后最熟悉的场域,引导学生用数学的眼光认识、熟悉身边的事物,用数学的语言规范表达物品的位置,以数学小任务使学生在进入小学的伊始就感知数学学习的趣味及用数学眼光观察现实世界的成就感,有效激发其学习的兴趣。

在执教三年级上册"数与代数"板块中的《年、月、日》一课时,设立教学目标:联系生活经验,初步知道年、月、日及其进率,会判断大月、小月;了解平年、闰年;

会通过日历查询星期几;会用简写方式表示年、月、日。以大思政概念及学科德育渗透为引领,以新中国成立75周年及少先队建队75周年为大背景,以少先队员翘首以盼的校级少代会为焦点,创设真实情境导入课程:火红的十月即将到来,刚经历全员入队的三年级队员们,终于有机会可以参与到学校第44次少代会中啦!请队员们发挥主人翁精神,营造热烈的大会氛围,以小队为单位,完成两项工作。一是为少代会拟定竞选日程,精确到每个任务完成的日期、星期等;二是制作"历史中的今天"十月队报一张,找寻少先队光荣征程75载中的大事件!

时间是较为抽象的计量单位,学生在二年级对于较为贴合自身实际的短时间"时、分、秒"已有一定的学习经验,本课在此基础上,将时间跨度拉长至年、月、日,针对较长的时间单位,需要学生发挥一定的想象力。教材中的情境导入设计为2016年年历,那时学生年龄仅两三岁,离学生生活实际及经验较远,导致常规课堂推进时学生的共情力及兴趣度较低。而创设学校少代会这一全校关注且贯穿九月及十月的大活动,趁着三年级队员刚加入少先队的热情,有效激发学习兴趣,并将学习的主体给到学生。以团队形式,在两个月的竞选日程设计中,学生既能学会绘制月历、学会查询星期,掌握大月及小月,又能培养计划性及逻辑性,为日后生活中制订各类计划打好基础;"历史上的今天"队报设计,学生既能巩固强化月历制作的能力、牢固掌握平年、闰年的知识,又能厚植家国情怀,达成立德树人的育人根本目标。

小学处于数学学习的启蒙阶段,学生从低年级到中高年级,从对数学课堂认知及知识构建的初始状态,过渡到对数学课堂认知及知识建构产生整体感知与概念的深层状态。根据年段特征,创设真实情境与实际问题,从单一、简单问题过渡到分层、复杂问题,呈持续性、纵深性,持续激发学生学习的内驱力,突出社会生活与数学的紧密联系,培育学生会用数学的眼光观察现实世界。

二、"数"你高效,善用数学的眼光观察现实世界

新课标核心素养"数学眼光"主要表现中的"几何直观"包含:运用图表描述和

分析问题的意识与习惯；建立形与数的联系，构建数学问题的直观模型；利用图表分析实际情境与数学问题，探索解决问题的思路。几何直观有助于把握问题的本质，明晰思维的路径。在课堂教学中渗透数形结合思想，引导学生了解多样的数学工具，根据实际问题选取适切的数学工具，感悟数学工具解决实际问题的优势，培养学生善用数学眼光观察现实世界。

在执教四年级下册"统计与概率"板块中的《折线统计图的认识》一课时，聚焦教学目标：初步认识单式折线统计图，知道其特点；能从折线统计图上获取数据变化的信息并进行合理推测，能从图中发现数学问题、回答简单问题；初步学会根据折线统计图的范围与结构选择合适刻度绘制单式折线统计图，进一步学会分析及运用。挖掘课程特点，紧扣抽象能力、几何直观这两个"数学眼光"表现的培育，创设真实情境为：巴黎奥运会举办在即，校红领巾电视台将在6月启动"奥运荣光激壮志"栏目，请小记者团了解往届奥运会我国的奖牌数，大胆预测一下本届奥运会我国争得的奖牌数；再选取最感兴趣的一个大项，了解我国在此项目的征途与励志故事，每个小组承担一期电视台节目的展播，携手为奥运健儿摇旗呐喊！

学生分解此实际问题，以项目式推进，在充分讨论后分解任务链为：子任务1——统计前五届奥运会金牌、银牌、铜牌数量并预测本届奖牌数；子任务2——调研确定小组研究的一个大项并统计该项前十届奥运会中我国健儿的表现及发展；子任务3——确定电视台节目的文稿及背景素材等，完成展播任务。学生在此实际问题的解决中，需要依照新闻节目的要素，求真、求实，需要展示奖牌榜预测的理论依据、确定大项发展历程的展示形式。子任务1前五届奖牌数统计主要聚焦数量的多少，可以用低年级学习过的条形统计图来呈现，凸显条形统计图直观、形象的两大特征。而子任务2奖牌榜的预测更关注动态的变化，学生借助教师提供的教材、图表等学习支架，主动学习折线统计图的相关知识，借助其观察数据的变化并绘制折线统计图，为本组的预测提供数据支持。通过上下衔接的两个子任务，学生在自主探究中对比两种数学工具的区别，在使用中体会数学工具高效、简洁、直观的优势。

在此项目的探究中，学生主动根据不同的数据类型及任务，自主选取统计表、条形统计图、折线统计图等不同的数学工具来分析实际问题、解决实际问题。在探究中深入体会条形统计图及折线统计图的根本区别,达成会读折线统计图、会画折线统计图的教学目标。相较于中低年级会用数学眼光观察现实世界的素养培育,学生在高年级螺旋上升至善用数学眼光观察现实世界,进一步感悟数学与生活的紧密联系,提升借助不同数学工具发现数学问题、解决实际问题的能力,体会选取适切数学工具进行高阶分析、反思探究的优势,养成使用数学工具解决问题的习惯,提升学习的行动力、增强学习效果。

三、非你莫"数",综合运用数学的眼光观察现实世界

新课标核心素养"数学眼光"主要表现的"量感"指对事物的可测量属性及大小关系的直观感知。知道度量的意义,能够理解统一度量单位的必要性;会针对真实情境选择合适的度量单位进行度量,会在同一度量量感方法下进行不同单位的换算。"创新意识"主要是指主动尝试从日常生活、自然现象或科学情境中发现和提出有意义的数学问题。创新意识有助于形成独立思考、敢于质疑的科学态度与理性精神。在进行中高年级学生数学眼光培育时,有机整合创新意识的培养,在较为复杂的真实问题解决中,引导学生不仅立足于数学知识的建构,更要综合运用数学的眼光观察现实世界,使用数学知识及其他学科知识解决问题,感知数学与其他学科的紧密关联,深入体会数学学科的价值,培养跨学科运用知识的意识及能力。

在执教四年级上册"图形与几何"板块中的《毫升与升的认识》一课时,剖析教学目标:认识毫升与升,初步建立量感;知道毫升和升可描述液体量的多少;知道二者进率且会换算。寻找到同一学期自然学科第一单元《饮食与健康》课题,其教学目标为掌握人体所需的营养成分,会科学使用知识判断不同食物的成分,提升科学思维。两个学科主题存在可融通之处,创设以下实际问题以达成跨学科知识与技能的建构:炎炎夏日刚过,饮料是同学们最爱的解暑食物之一,你们有研究过饮料的成分吗?它们健康吗?多久喝一次比较适宜?让我们选出自

己最爱喝的饮料,一起去研究成分,完成饮料调查报告吧!

针对此实际问题,引导学生以小组讨论及全班汇报的形式,共同分解出问题链。子问题1:我们最喜欢的饮料有哪些基础信息?子问题2:这款饮料有哪些成分?子问题3:这款饮料健康吗?在子问题1及2的研究中,关键问题是饮料是液体,有不同的包装尺寸,需要知道饮料的单位并换算成相同容积,才可对比不同类饮料的基础信息及营养成分。基于此,学生通过自学数学书及相关微视频素材,初步构建毫升和升的概念,并结合生活经验及教师提供的量筒、量杯等实验工具,建立升与毫升的量感,完成单位换算的小实验。而子问题3中的关键为人体每日所需营养及均衡膳食的相关知识,以自然课本及网上检索为支架与途径,学生自主完成探究,最终以调查报告、倡议书等不同形式公开活动成果。

量感对于小学生而言是较为抽象的核心素养表现,本项目将毫升、升这两个较为抽象的单位与自然学科、生活实际紧密联系,化抽象的量感为可实际解决的真实问题。在问题解决的过程中,学生不单单是完成数学学科毫升与升相关知识及能力的建构,还学习了自然学科相关知识,更重要的是在项目探索中,提升了跨学科运用的能力,学会用数学富有逻辑性的思维剖析实际问题、用数学富有结构性的思维解决实际问题,达成核心素养表现,感受综合运用数学眼光观察现实世界的优势,有效培育创新能力。

新课标视域下,坚持目标导向、逻辑推进、趣味点亮、高效协作的模式,在有的、有序、有趣、有效这"四有"课堂的构建中,初探以"三步法"有效培育小学生的数学眼光。第一步"数"你精彩,由浅入深,根据学生的年龄特征,从低年级的单一情境及实际问题的解决,纵深推进至中高年级复杂情境及实际问题的解决,分层以时政热点、校级特色活动等为切口创设情境,切实激发学生学习的主观能动性,持续激活学习内驱力,深化数学与现实生活的紧密联系,有效培育学生会用数学的眼光观察现实世界。第二步"数"你高效,螺旋上升,在中高年级的教学中,引导学生持续学习使用多样、分层的数学工具,切实渗透数形结合的思想,体会数学工具之间的相互关联、区别及优势,提升根据实际问题遴选适切数学工具的能力,切实感知数学工具解决实际问题的简洁、直观等优势,有效培育学生善用数学的眼光观察现实世界。第三步非你莫"数",层层递进,在中高年级中,以数学学科关键知识与能力的构建为基石,深挖其他基础性课程的教学内容,设计适切的跨学科主题内容,带领学生在复杂实际问题的解决过程中,经历发现问题、提出问题、分析问题、解决问题的过程,感悟数学与科学技术和社会生活之间的联系,有效培育综合运用数学的眼光观察现实世界。

参考文献

[1] 中华人民共和国教育部.义务教育数学课程标准(2022年版)[M].北京:北京师范大学出版社,2022年:5.

切实构建以核心素养为导向的"四有"小学数学课堂

上海市浦东新区昌邑小学　樊舒雯

基于"双减"政策的推进与实施，在当前小学教学改革的浪潮中，教师们致力于探索更为生动有趣且富有实效的教学方式，故提出了以核心素养为导向，构建有的、有序、有趣、有效的"四有课堂"教学。

"四有"理念分别强调了课堂的四个关键维度：有的——指有目的、有目标，教学内容的选择应具有针对性和适切性；有序——指有逻辑、有秩序，教师的教学流程应该规划合理、条理清晰，学生也应该拥有良好的课堂纪律和学习习惯；有趣——教学方法和教学模式应多样化，且富有趣味性，能够激发学生的学习兴趣；有效——指在教学完成后达成一定的效果，不仅让学生学有所得，也能够让教师获得自信心和成就感。

一、"四有课堂"之"有的"

在课堂教育中做到"有的"是非常重要的，这有助于确保教学活动高效、有序地进行，并能够满足学生的学习需求。

（一）掌握学生知识储备

要将"有的"落实到课堂中，在进行教学设计之前，教师应该先对学生已有的知识进行考量，再从学生的角度出发，设计合适的教学目标。

（二）明确教学目标

教师需要对课程内容完全把握，设定清晰、具体、可衡量的教学目标，这些目标应涵盖知识、技能和情感态度等方面，确保目标符合学生的学习需求和课程标准，具有可操作性和可达成性。

（三）精心准备教学内容

根据已经设定好的教学目标选择和组织教学内容，确保内容具有针对性、系统性和科学性。作为新时代的教师，应该学会合理运用多种教学资源，如教材、多媒体、教学教具等，丰富教学内容和形式。

（四）采用合适的教学方法

根据学生的特点和教学内容选择恰当的教学方法，如教师讲授、小组讨论、动手操作等，注重启发式教学，引导学生主动思考、积极探究，培养学生的学习能力和创新精神，确保在教学中能够激发学生的学习兴趣和参与度，同时有助于达成教学目标。

（五）及时评价与反馈

教师在正式开始授课之前，应设定明确的评价标准和方法，对学生的学习成果进行及时、客观的评价，让学生在学习的过程中有自我评价的标准，从而促使学生进行自我监督。在课后，教师应根据评价结果提供有针对性的反馈和建议，帮助学生明确自己的优点和不足，制订改进计划。

二、"四有课堂"之"有序"

"有序"既指学生要在课堂中有秩序、遵守纪律，也指教师的教学流程要清晰合理、逻辑严谨。

(一)设计合理有序的课堂

想要让课堂有秩序、学生有纪律,在开学初,教师应与学生共同制定课堂规则,明确哪些行为是允许的,哪些是不允许的,以及违反规则的后果。比如可以与学生制定奖励积分政策,表现优异者奖励一定的积分,违反课堂纪律者则扣除相应积分,达到一定积分可以与教师兑换一定的奖励。

尤其需要注意的是,教师应始终如一地执行课堂规则,对违规行为进行及时、公正的处理,比如当场扣除学生的奖励分等,在潜移默化中让学生将课堂纪律牢牢记在心中。

(二)引导学生有序学习

为了让学生学习有序、做题有序,从而达成较好的教学效果,在授课时,教师可以利用投影设备,带领学生一起进行题目的书写,并且要逐步书写,不可以一次性写完。在每一个步骤结束之后,都应该提醒学生这一步的注意点是什么,并让学生参照教师的模板自己进行检查。教师也应该深入学生中间进行巡查,确保每一位学生都书写正确,且都是根据教师的指令来有序行动的,没有擅自做下一步或者不按步骤来做的情况,当所有学生完成当前步骤后,再一起进行下一步。通过这样的教学,可以让学生对于当前学习的内容印象深刻,也大大避免了书写格式错误等情况。

三、"四有课堂"之"有趣"

要打造"有趣"的课堂,就要跳脱出常规的教学模式,对教学方法进行创新,让学生的学习方法更加多样化且富有趣味性,以此来激发学生的学习兴趣。

(一)合理抛出问题,引发思考热情

在课堂导入阶段,教师应提出让学生感兴趣的问题,激发学生对于本节课的热情。若本节课的知识与学生已掌握的知识有所关联,可以通过串联之前的知识进行设问,让学生积极参与进课堂。比如教师可提出"在之前我们已经学习过××,那你能不能来猜一猜今天这个问题该怎么解决呢?"这样的问题。因为学生已经有了之前的知识储备,这个问题对学生来说难度不是很高,很容易就能根据已有知识推测出答案,所以学生会非常积极,参与度很高,这样,在课堂最开始时,就能让学生快速集中注意力。若本节课对于学生来说是全新的知识,那么教师可以通过设置情境等方法来激发学生的学习热情。

(二)跳出传统模式,创新学习方法

对于数学学科来说,很多时候课本上的内容对于学生来说是较为枯燥的,也有很多知识点是较为抽象的,如果仅看课本,学生会觉得学习非常无聊且没有实际的体验和感受。所以教师在课前准备时,可以根据课堂内容准备一些教具,设计一些动手环节,让每个学生都有实际操作的机会,这不仅让课堂变得生动有趣了,学生对于知识的体验和运用也更加深入了。

(三)创设互动环节,营造积极氛围

在学生动手环节结束之后,教师应当选择几组学生进行上台展示,同时阐述他们的思路与想法,并让台下的学生观察演示者是否正确,或者与自己有什么不同之处。这一互动模式,不仅让被选中上台展示的学生学习兴趣高涨,对这一次的学习经历记忆深刻,也能够让台下的学生全神贯注。学生往往会认真观察他人方法,然后对比自己的方法,再进行检查,无论是认同还是有分歧,都能让学生牢牢记住这个学习过程。最后,教师再带领学生进行总结。这样的学习过程,不仅提升了学生的学习兴趣,还培养了学生的观察与比较能力。

四、"四有课堂"之"有效"

"有效"也可以从学生和教师两个层面来看。对于学生来说,"有效"指学有所得,在课后有一定的成效;对于教师来说,则是在授课后收获自信心和成就感。

（一）直面错题，找出错误

"纠错"对于学生们来说一直是一件很感兴趣的事情，所以在课堂中教师常常会设置一个环节，就是展示错误答案，让学生们进行纠正。这个错题可以是教师提前设定好的，也可以是拍摄之前学生们出现过的错误，后者往往会让学生们更加有"纠错热情"。在寻找错误的过程中，会不断听到学生们说诸如"这就是一道陷阱题，我做的时候也差点掉进去！""我跟这位同学错的是一样的！""还好我观察仔细，及时发现了！"此类的话，这也侧面说明纠错过程让学生们不断反思自己，同时加深记忆。

（二）对比教学，理清思路

对比教学也是一个让课堂"有效"的好方法，尤其是在教授运算定律时，比如"$325-119+181$ 与 $325-(119+181)$"这样的题目，学生往往看到题1时会在"$119+188$"两边加上一对括号来进行他们所认为的巧算。而做完这一组对比题目，学生就会发现，这两个算式的答案是完全不同的，在学生有了这样的直观印象之后，再从算式含义的角度为学生加以解释，学生就能够更加明确和清晰。

对比教学可以帮助学生快速筛选和整合信息，从而提高学习效率。在对比过程中，学生们直观看到了不同事物的异同点，这有助于他们更快地抓住关键信息，形成系统的知识体系。

五、以《几时、几时半》一课为例，构建"四有课堂"

"几时、几时半"是一年级第二学期第三单元的学习内容，这是学生在小学阶段第一次正式接触"时间"这一概念，"时间"和"时刻"对学生来说也都是比较抽象的，所以学生学习起来有一定的难度。但在此之前，大部分学生多多少少都在生活中接触过一些关于"时间"的描述和表达，所以对于时间会有一些简单而又模糊的概念。

(一) 制定课堂规则

为保证课堂"有序",在课前给每一位学生下发自我评价表,并附上评价标准,在课堂结束后学生先进行自我评价,教师再根据学生课堂表现进行客观评价,综合评定,表现优异者给予奖励。

(二) 确定教学目标

为了让课堂做到"有的",本堂课制定了清晰的教学思路,即"观察探究—寻找规律—总结规律";教学目标是先通过观察充分认识钟面的构成,认识分针和时针,并初步了解时针与分针的走向和转动规律;再结合学生的生活经验,联系实例,让学生能够认读整时和半时,从而帮助学生明确"时间"和"时刻"的概念,初步建立实际的时间观念。

(三) 进行教学设计

根据设想的教学思路和制定的教学目标,将课堂分为新知导入、新知探索和巩固练习三个部分。

在新知导入部分,首先让学生对钟面进行观察,然后依次说一说自己观察到的内容。等学生将"钟面上有12个数且共有12大格""钟面上有一根短而粗的针"和"钟面上有一根长而细的针"这几点一一说到后,再帮助学生进行总结:短而粗的是时针,细而长的是分针。让学生根据外形特点来区分时针和分针,并跟读两遍"时针"和"分针"这两个对他们而言较新的名词,从而使记忆更加牢固。

在新知探索部分,为了让课堂更加"有趣",为学生创设了"小猪佩奇一天的作息时间表"的情境。按从早到晚的时间顺序,先展示小猪佩奇"上午7时起床""上午8时吃早饭""上午10时看书"这三个时刻的钟面,让学生观察三个钟面的特点,并总结规律,学生发现当分针指着12,时针指着几,就是几时。接着,再为学生展示一个较为特殊的钟面,在这一时刻分针和时针重合了,而对应的事件为"吃午饭",学生很快反应过来是"中午12时"。紧接着,在12时这一时刻钟面的基础上,让时针继续走了半圈,分针也相应走了30圈,很快就有学生说出这是12时半,而这一动画的目的,是为了让学生初步了解时针与分针的走向和转动规律。最后再同时展示"12时半出门游泳""下午3时半野餐""下午5时半做家务"的钟面,学生很快就通过观察发现当分针指着6,时针刚刚走过几,就是几时半。

为了让学习更加"有效",本堂课设计了契合教学目标的几组巩固练习。首先展示了几个整时和半时时刻的钟面,让学生快速进行认读;其次,为了帮助学生初步建立实际的时间观念,让学生将钟面与对应的时刻和事件进行连线,将所学知识与实际生活联系起来。

通过这一次的教学,发现学生经历了"观察探究—寻找规律—总结规律"这一过程之后,不仅激发了学习兴趣,还能够将知识掌握得更加牢固,对自己一步步探索出来的知识记忆也更加深刻,教学目标达成,教学效果较好。

通过这个案例不难发现,"四有"课堂能够通过四个维度为学生提供优质的学习环境,同时也促进教师的正向成长。在这样的课堂中,学生不仅能够获得知识和技能的提升,还能够享受到学习的乐趣和成就感,从而更加热爱学习、乐于学习。教师也能够切实提高教学效率和教学质量,实现教学相长的良性循环。

综上所述,有的、有序、有趣、有效的"四有"课堂是我们追求优质教育的重要途径。我们应该全面推进落实"四有"课堂,为学生创造一个更加良好、高效的学习环境,助力学生全面成长。

以"问题串"为主线的"四有课堂"

——以"相似三角形"复习为例

上海市建平实验地杰中学　闻　雯

教书育人,应聚焦课堂。课堂是教学的主战场,如何建设一个有的、有序、有趣、有效的"四有好课堂"应是所有教师思考的问题。对于数学而言,本身就是一门有序且富有逻辑的学科,但数学课堂不应该只有数学知识的堆砌,还应该"有的、有序、有趣、有效",这样的课堂更能够激发学生的学习兴趣,提高他们的数学素养和解决问题的能力。如今新课标更是指出要立足于培养学生的核心素养,让学生学会用数学的眼光观察现实世界,用数学的思维思考现实世界,用数学的语言表达现实世界。在初中数学课堂中,问题式教学法则是提高数学课堂教学效率的关键,"问题串"的设计和运用则是推动"四有课堂"发展的有力工具。

著名的数学教育家弗赖登塔尔曾有一个重要的观点:"教数学就必须教相互连贯的材料,而不是孤立的片段。"同样,在一堂有效的课堂上,问题不是单独存在的个体,通过教师巧设"问题串",使得几个问题之间必定存在着一定的联系,从而提高学生的数学思维能力。作为一名青年教师,通过这几年的教育实践,我更清楚了在实际的数学课堂中,对于一个教学目标或重难点仅用一个单独的问题是很难达到教学预期的;而以"问题串"这样的形式,不仅能使学生简化学习难度,还能促进学生的思维发展。层层递进,逐步深入,通过"有的"地设置"问题串",形成"有序"的教学环节,在"有序"中设计"有趣"的问题情境,让学生发现问题、提出问题、分析问题、解决问题的过程真正发生,从而生成有意义并"有效"的数学课堂。

一、初中数学课堂中巧设"问题串"的意义

有教师曾提出:"有价值的'问题串'是一堂课的'灵魂','问题串'的有效设计和巧妙运用决定着教学方向,关系着学生思维活动的开展深度和广度,直接影响课堂教学效果。学生的思维方法、思维能力、创新意识以及创新精神会不断得到锻炼与增强,真正达到从'学会'逐步走向'会学'的目的。"新课标同样增加了"问题提出教学活动","学起于思,思源于疑"。教学是一个师生互动、生生互动的过程,教师是推动课堂的关键力量,因此,如何巧设"问题串"成为教师备课的关键所在。利用"问题串"能将情境规律问题化,唤起学生已有的知识经验、提高用已知解决未知的化归思想,启发学生合理思考问题、突破教师的教学难点、优化课堂结构。这不仅能提高学生的问题解决能力,也能培养学生的提问意识,真正做到"带着问题进课堂,带着问题出课堂"。

二、"问题串"在初中数学"相似三角形"的复习课中的应用

在专题复习课上不仅需要学生对已有知识熟悉,还需要学生具备综合能力。以九年级相似三角形的复习课为例,教师在备课时可以充分利用学生对于相似三角形的性质和判定等相关内容的一些知识与学习经验,设计合理的"问题串",从而更好地帮助学生体会解决相似问题时的转化思想。通过设计有序的问题环节,逐步深入,也抛出相应开放性的问题让学生通过自主探究,学会运用相似三角形的"一线三等角模型"解决相关问题,使这节复习专题课达到增强复习的针对性目标,加深学生对于相似三角形的性质和判定的知识运用,让学生在复习回顾已有知识的同时增强数学能力,并提高课堂教学的实效性。

片段1:除了引出一线三等角模型得到的△BDE∽△CFD。由教师改变条件,将"点 D 是 BC 边任意一点"改变为"点 D 是

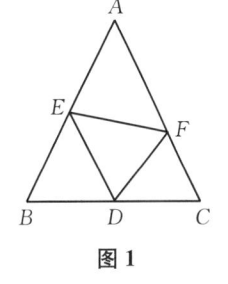

图1

BC 边中点",提出"是否图 1 中还有其他相似三角形?"。

从一个基本图形出发,不断增加条件,设计问题,引出本节课的一个特殊模型——"中点型一线三等角"。通过设计小组讨论环节,在讨论之后,和学生一起分析。

师:随着条件的增加,基本图形不变,在这里什么还在?

生:一线三等角还在,也就是原本问题 1 的相似三角形还在。

片段 2:若生得到的结论是△BDE∽△DFE。

师:在△BDE 与△DFE 之中,有没有直接对应边成比例或者对应角相等?

生:已经有一对角相等,∠B=∠EDF。

师:再增加什么条件,我们就可以证明相似?(帮助复习相似三角形的判定)

生:添角或者添这对角的邻边对应成比例。

师:而在本题中,还有边的条件,我们可以先来观察一下边是否能对应成比例? 我们也不要忘记左右两个三角形已经证明了相似,也可以考虑这两个三角形相似能否出边的条件。(提示学生利用相似三角形的性质)

生:给出六条边对应成比例,最后有四条边是我们要求证的两个三角形中的元素。

因此我们可以选择合适的线段比……

师:那只需要如何操作,就能转化为我们要去证明的两个三角形呢?

生:交换内项,即得相似。(强调相似三角形的判定格式规范)

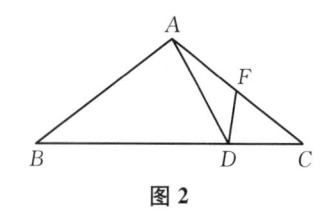

片段 3:继续改变条件,当点 E 与点 A 重合时,如图 2,在△ABC 中,$AB=AC=10$,$BC=16$,点 F、D 分别在边 AC、BC 上,$BD=12$,∠ADF=∠B,求 AD 的长。

图 2

此时问题 3 的引入,目的在于理解动点型一线三等角。

师:在动态过程中,能不能继续思考哪些量在变,哪些量又不变?(有了问题 2 的铺垫,对于动态过程中的一线三等角学生能拓宽分析思路)

生:EF 的位置在变,线段的长度在变,但相似三角形依然成立……

三、以"问题串"为主线的"四有课堂"的设计建议

1. 理解"问题串"设计原则

第一,全面性,问题的设计和提出要面向全体学生,符合现阶段面对的学生学情。教师要明确学生是课堂的主体,设计问题时更要立足于全体学生,因人而异,因材施教,不能让部分学生感觉到很大差距而不敢思考、不敢回答。

第二,目的性,"问题串"的设计要围绕教学目标或一定主题,层层深入,化繁为简。一旦脱离了主题或者是词不达意,这个"问题串"的设计也会使得课堂"事倍功半",课堂会打折扣。

第三,适宜性,"问题串"的设计难度要适合学生需求,符合教材特点。设计难度一定要在学生的"最近发展区"之内,不论是太过简单,还是太难,都可能会导致学生丧失学习兴趣。

第四,自然性,"问题串"在教学时要自然抛出,找到教学环节中合适的契机。

"问题串"在使用的过程中会存在很多不确定因素,综上,问题提出教学,对于教师来说是一个挑战,如何巧设"问题串"从而推进数学课堂并培养学生的核心素养才是关键。

2. 解读教材和课标,纵观教学目的和意图,巧设"有的"的"问题串"

教师在设计问题串之前,需分析学生的学情,确定"问题串"的起点,设计问题时也可以是在学生感兴趣的话题或情境下,以及合理备教材,挖掘问题资源,把握好教材的重难点。教师在备课时应更加注意实质,要深入研究初中阶段所有教材以及课标要求,明确本节课在初中阶段的教学目的和设计意图。所谓备课不仅仅是"背"课,设计一份教案,再把自己所设计的教学过程背熟,而是需要教师精心设计整个教学过程,使学生看到数学的思维过程。比如相似三角形的复习课,一线三等角作为中考常见题型,需重点关注和教学。数学教学更注重的是在整个教学过程中培养学生们的数学素养,不是单一的强化应试训练,"一股脑"地将知识灌输到学生的头脑中。教师作为课堂中的引导者,设计并合理抛出"问题串",使得

学生逐步意识到自己需要主动成为问题解决者。

3. 在"有序"中增加"有趣",利用"问题串"增加学生学习数学的兴趣

将"有序"与"有趣"相结合,并通过设计富有吸引力的"问题串",可以极大地提升学生的学习兴趣和参与度。根据教学内容的逻辑顺序,设计递进式"问题串",即设计一系列由易到难、逐步深入的问题,每个问题都是对前一个问题的延伸或深化,帮助学生逐步构建知识体系,厘清大单元整体结构,找寻单元结构之间的联系,从而合理构建"有序"的真实课堂。

在教学环境中,教师可以将数学问题与日常生活中的实际情境相结合,设计"有趣"的"问题串"。例如,通过加油卡优惠政策、24点游戏等情境,或者利用小组合作等方式,让学生感受到数学的实用性,从而增加学习兴趣,激发参与热情,体现新教材对于综合实践能力的发展的要求。在教学中,也可以通过在"问题串"的开头设置一些悬念或疑问,激发学生的好奇心和求知欲;在中间不断鼓励学生主动思考、动手操作,融入有趣元素以及设计富有吸引力的"问题串",让学生在实践中学习、在应用中成长。

4. 优化教学设计,清晰呈现课堂层次,最终生成"有效"的数学课堂

不仅问题要有效,最终的课堂也要有效。任纪勋在《数学"问题串"优化设计初探》中指出,教学不能"以题定教",不能重结果轻过程。沪教版数学教材中也设立了"问题串",如书上标注的"想一想"或者侧栏的思考题等。教师在备课时要深入研读教材和教参,深层地去思考书上设计的例题和问题中所隐含的其他问题,也要同样带着问题去备课,在每一次上课之后去复盘实际课堂生成的效果和环节上的欠缺与优势;但也有可能对于自己要教授的学生学情来说难度参差不一,需要教师能灵活变通,在备课时就需要合理设计好"问题串"。例如在线段这章的教学中,随着新知引入给出了有关距离的概念是"联结两点之间线段的长度叫作距离",可以紧接着就进行一个合理的追问:"同学们,那如果说线段等于距离,这句话对吗?"实际授课过程中很多学生其实是犹豫的,那教师就可以继续追问"线段表示的是什么?距离表示的又是什么?"此时学生会清楚地意识到线段是图形、距离表示的是一个数,加深了对距离定义的理解,从而在后续遇到此类题目时,也有

非常好的反馈。在第一次抛出问题之后,教师也可以通过二次设问,巧妙追问学生,变成学生知识产生的一个过程,非常清晰地表现出教学的层次性。

总之,"有的"是目标,"有序"是基础,"有趣"是灵魂,"有效"是前提,四者缺一不可,相辅相成,才能共建和谐的优质课堂。"问题串"教学不能盲目,在备课时,教师应充分准备,根据学生的学情、教材的需要,有目的地巧设"问题串",合理编排教学环节;在导入时,利用"问题串"复习引入或者创设问题情境;在教学时,教师应该精心设问,使得问题更生活化、趣味化,并且把握好问题的量和度;要根据学生的学情、教材的特点设计出科学的、有目的的"问题串",将疑难问题、复杂问题变成容易理解的"问题串";在教学后,教师更应总结和反思课堂中"问题串"的设计和使用,提高课堂的效率,培养学生的抽象能力、几何直观、空间观念、运算能力、推理能力、创新意识等核心素养。

"四有课堂"的模型构建与实践研究

——以"二元一次方程(组)"复习教学为例

上海市建平实验地杰中学　胡　艳

"四有课堂"指教师在深入研究教材内容的基础上,根据课程标准以及学生的实际学习情况制定教学目标;鼓励学生积极参与数学活动,通过与他人的合作以及解决问题的实践,感受成功的喜悦;规划条理清晰、逻辑严谨的教学流程,创设多样化的学习情境;及时评价与反馈学习效果,以促进核心素养的发展。

"四有"包含四个方面:"有的"强调教学需有明确的目标和方向,体现为"研读与设计"的深度融合,这是课堂教学的灵魂所在;"有趣"注重师生间的相互吸引,教学活动能激发学生的学习兴趣,激活学生的学习热情,让课堂充满活力;"有序"意味着教学设计逻辑秩序清晰,体现为"目标与达成"的紧密衔接,是课堂教学的规范框架;"有效"指对学生学习效果的生成进行评价与反馈,不断优化教学策略,是课堂教学的效能体现。

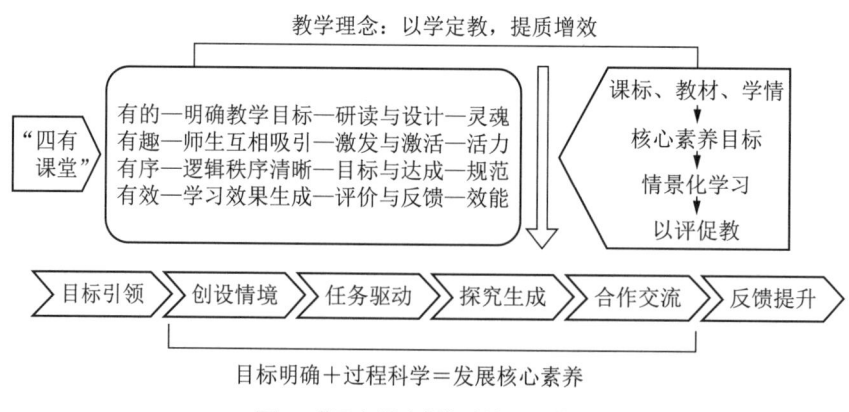

图1　"四有课堂"模型的结构体系

一、分析教材了解学情，精准定位教学目标

教学目标是课堂教学的核心，是教师开展课堂教学的方向。教师在教材分析的基础上，结合课程标准和学生情况确定教学目标，以核心素养统领教学目标。

（一）教材分析

"二元一次方程（组）"是《义务教育数学课程标准（2022年版）》中"数与代数"领域第四学段"方程与不等式"的重要内容。这一部分的学习建立在学生已经掌握了一元一次方程的基础上，通过引入二元一次方程组，进一步拓展学生的数学视野和解题能力。二元一次方程组学习其核心在于理解并掌握消元法。消元法是一种重要的数学思想和方法，它通过将二元一次方程组中的一个未知数消去，从而将其转化为一元一次方程，实现求解的目的。这一过程不仅体现了化繁为简、以简驭繁的基本策略，而且对学生的运算能力、分析能力和解决问题的能力都提出了更高的要求。

在教材中，二元一次方程组包括以下几个方面：二元一次方程及方程组的概念和定义，这是学习的基础；二元一次方程组的解法，特别是消元法的应用，这是学习的重点；二元一次方程组在实际问题中的应用，体现了数学的实用性和价值。通过学习二元一次方程（组），学生将进一步加深对代数方程的理解，掌握解决复杂问题的有效方法，同时培养抽象思维、逻辑推理和数学建模等核心素养。这对于学生未来的数学学习和生活实践都具有重要的意义。

（二）学情分析

在二元一次方程（组）的复习课中，学情分析是制订教学计划和教学策略的重要依据。通过深入分析学生现有的知识水平、学习能力、学习习惯以及可能存在的困难和不足，教师可以更有针对性地设计教学活动，帮助学生更好地掌握和理

解这一重要数学概念。

学生的整体学习基础相对比较扎实,具备了一定的思考、理解、分析、抽象概括能力;部分学生能够自觉预习和复习,善于总结和归纳知识点,形成系统的知识体系;大部分学生积极参与数学学习活动,具备合作交流的能力。

部分学生难以理解和掌握二元一次方程组的解法,特别是消元法的应用;部分学生运算能力相对较弱,无法快速准确选择适当的方法解方程组;部分学生无法将二元一次方程(组)的知识应用于解决实际问题中;部分学生对于梳理方程知识,尝试构建方程知识结构感到困难。

(三)教学目标

教师通过对教材的解读和学生情况分析设定了本节课的教学目标:

1. 能够系统地梳理二元一次方程(组)的有关概念,尝试构建知识结构图,形成完整的知识体系,落实抽象能力和模型观念的培养。

2. 能够选择适当的方法解二元一次方程(组),体会方程蕴含的"整体"观念、"消元"策略和"化归"思想,落实数学运算能力和逻辑推理素养的提升。

3. 自主设计二元一次方程组并尝试求解,发展运算能力,培养思辨能力和创新思维,激发学生的学习兴趣和求知欲。

4. 能根据现实生活中的实际问题,抽象出二元一次方程模型,列方程求解并检验方程解的合理性,培养应用意识和创新意识,使数学成为解决实际问题的有力工具。

5. 在学习过程中进行交流反馈,分享解题思路和解决问题的方法,提炼解决问题的思考过程,培养语言表达能力和互动合作能力。

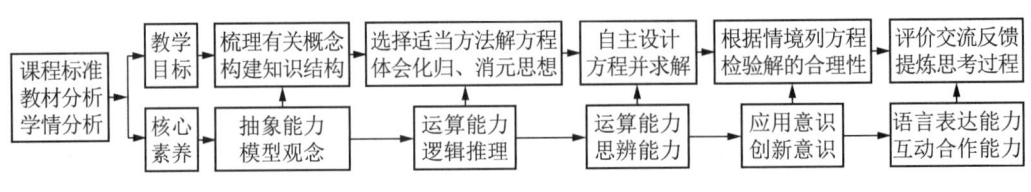

图 2 教学目标与核心素养

二、教学内容生动有趣，教学方式灵活多样

教学内容生动有趣，是课堂教学的活力和魅力所在。"有趣"体现在教学内容能激发学生的学习兴趣，吸引学生主动学习；教学方法能激活学生的学习热情，让学生处于乐学的状态，进而促进教学活动的有效开展。本节课旨在让学生积极参与教学活动并享受学习的乐趣。

（一）自主编题

让学生从给定的代数式中选择三个，用"＝"连接起来，构造成二元一次方程；学生根据学习过的知识自主编写二元一次方程组并求解。这两个活动可以帮助学生复习二元一次方程（组）的相关知识，培养学生的发散思维。

（二）开放性问题探究

给出四个关于甲乙两人行走的条件，让学生从中选取两个条件，并根据所选条件求出甲、乙两人的速度。这个问题具有开放性，条件可以自由组合，通过对问题的深入探究激发学生的应用意识和创新意识。这些活动为学生创造了充满乐趣和挑战的学习环境。

三、教学主线清晰明确，教学过程规划合理

"四有课堂"中的"有序"包含在不同阶段。在课前准备阶段，要明确教学目标，设计适合学生的教学方案，包括教学内容的选择、教学方法的运用以及教学流程的规划等；在课堂教学阶段，要采用灵活多样的教学方式，每一个内容下细化为若干小板块，帮助学生巩固所学知识，提升思维品质；在教学评价阶段，要关注结果性、过程性、表现性评价，注重对教学内容的总结与反思，及时调整教学策略和方法，以优化教学效果。

通过这样的教学设计,学生在学习过程中能够逐步体验知识的发生和发展过程,学会运用数学思维发现问题和思考问题,在解决问题中感悟提升、优化思维品质。同时,教学设计的有序性也促进了学生的深度思考和深度学习,使核心素养的培养得以落实。

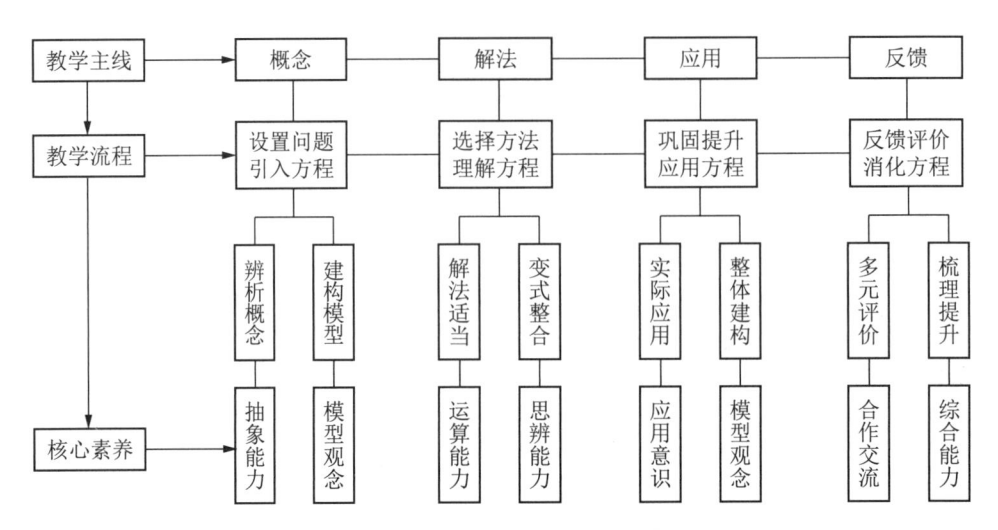

图 3 教学主线、教学流程与核心素养

四、问题设计由浅入深,方法选择适当适切

在数学教学中,问题设计是激发学生思考、推动课堂进程的关键。为了确保问题设计由浅入深、方法选择适当适切,教师需要精心策划,使问题既符合方程知识的结构和逻辑关系,又符合学生的认知特点和学习需求。

1. 设置问题　引入方程

在设置问题时,问题链的设计应呈现出由易到难、由感性到理性的递进关系,引导学生逐步深入问题的本质,体现问题的层次性和灵活性。

问题1:从代数式 x、$2x$、$\dfrac{1}{x}$、$3y$、$-6y$、3、24 中选择三个,用"="连接起来,构造成二元一次方程。

问题2:若 $ax+3y=24$ 是关于 x、y 的二元一次方程,则 a 的取值范围是

_____;若 $\begin{cases} ax+3y=24 \\ x-6y=3 \end{cases}$ 是关于 x、y 的二元一次方程组,则 a 的取值范围是 _____。

问题3: $\begin{cases} x=9 \\ y=2 \end{cases}$ _____(填"是"或"不是")二元一次方程 $2x+3y=24$ 的一个解; $\begin{cases} x=9 \\ y=2 \end{cases}$ _____(填"是"或"不是")二元一次方程组 $\begin{cases} ax+3y=24 \\ x-6y=3 \end{cases}$ 的解。

【设计意图】

问题1:复习二元一次方程的定义和基本形式,让学生在实际操作中掌握如何根据条件构造方程,明确判定二元一次方程的依据。

问题2:加强概念的辨析,使学生更加清晰地理解二元一次方程及方程组之间的内在联系和差异。

问题3:理解二元一次方程的解和二元一次方程组的解的意义。

通过设计一系列有层次、有梯度的问题链,引导学生逐步深入理解并掌握二元一次方程及方程组的核心概念,注重培养学生的辨析能力、运算能力、逻辑思维能力,为学生的全面发展奠定坚实的基础。

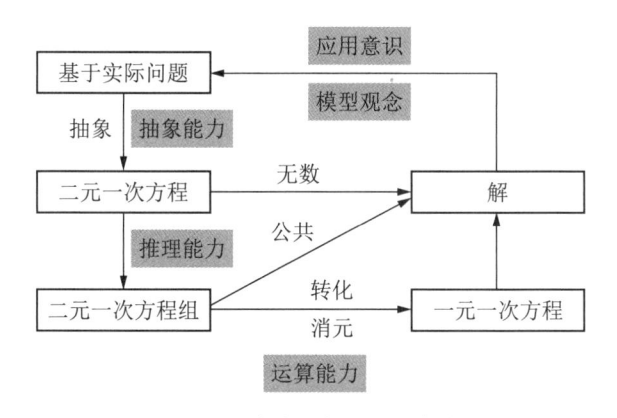

图4 二元一次方程与二元一次方程组

【课堂教学片段回放】

师:从代数式 x、$2x$、$\dfrac{1}{x}$、$3y$、$-6y$、3、24 中选择三个,用"="连接起来,构

造成二元一次方程。

不同学生回答,教师板书:

(1) $x+3y=3$　(2) $x+2x=3$　(3) $x+\dfrac{1}{x}=3$　(4) $2x+3y=24$

(5) $-6y+3=24$　(6) $x-6y=3$　(7) $2x-6y=24$

师:对于同学们构造的方程,你有不同看法吗?

生1: $x+2x=3$ 不是二元一次方程,合并同类项后是一元一次方程。

生2: $x+\dfrac{1}{x}=3$ 不是二元一次方程, $\dfrac{1}{x}$ 是分式不是整式。

生3: $-6y+3=24$ 也是一元一次方程。

生4: $2x-6y=24$ 构成的二元一次方程可以化简为 $x-3y=12$ 求解。

师:判定一个方程是否是二元一次方程的依据是什么?

生4:从二元一次方程的概念来判定。

师:我们从三点来理解二元一次方程:(1)方程中含有两个未知数;(2)含有未知数的项的次数是一次;(3)等号两边的代数式是整式。

2. 选择方法　理解方程

消元法是一种重要的思想和方法,是贯穿二元一次方程组的主线,通过"消元"将二元一次方程组转化为一元一次方程,实现求解的目的。在解题的过程中,引导学生体会"化归""整体""换元"的思想方法,提升运算能力、思维能力、辨析能力和模型意识。

问题4:用适当方法解方程组 $\begin{cases}2x+3y=24\\x-6y=3\end{cases}$

问题5:构造一个二元一次方程组并用适当的方法求解。

(提示:可以选择问题1给出的代数式,也可以自己构造。)

问题6:解方程组 $\begin{cases}2(x+2)+3(y-1)=24\\(x+2)-6(y-1)=3\end{cases}$

【设计意图】

问题4:引导学生对比系数特征,选择恰当的方法解方程组,注重解题过程的简洁性,培养学生的运算能力和分析能力。

问题5:充分发挥学生的主体作用,在编题的过程中复习如何运用消元法解方程组。同时预设两种可能出现的情况(同解方程和无解方程组),观察和思考不同方程之间的联系与区别,从而培养他们的发散思维。

问题6:在一般解法基础上进行变式整合,感受整体、换元等数学思想,深入理解方程组的结构和性质,优化解题过程。

这三个学习内容依序排列,逐次递增,形成了一个完整的学习过程,培养学生的运算能力、分析能力和发散思维,实现由意识向能力的进阶。

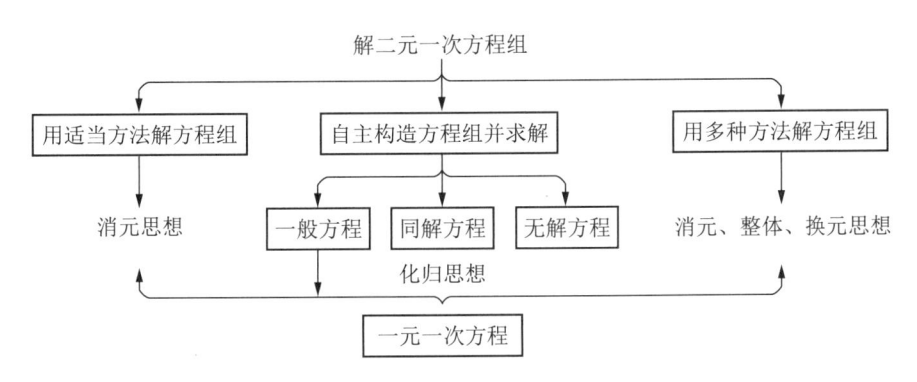

图5 二元一次方程组解法

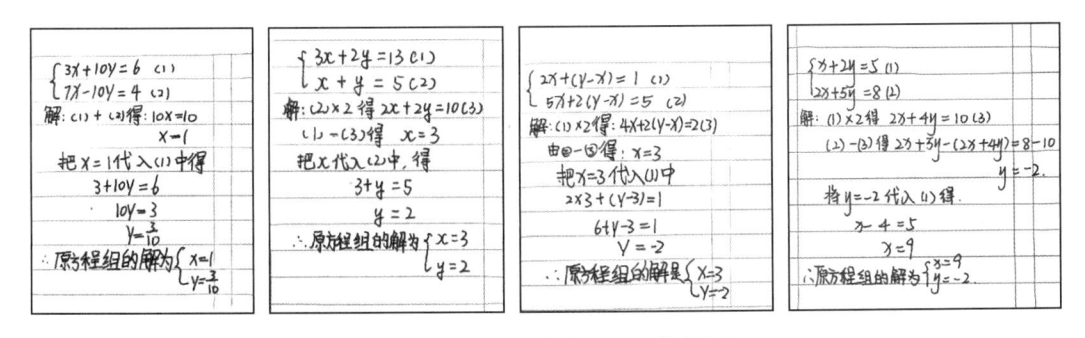

图6 学生自主构造的二元一次方程组

3. 巩固提升 应用方程

《义务教育数学课程标准(2022年版)》提倡开展素养导向的数学教学活动,强调"重视设计合理问题"引发学生思考。在真实情境中设计开放性、探究性、挑战性问题,围绕教学目标在学生的认知点和最近发展区设计有思维含量、有层次、有梯度的问题链,促进学生的思维从无序状态向有效状态提升,促进学生的深度思考和深度学习。

问题7:A、B两地相距880米,甲在A地,乙在B地,现有以下四种情况:

(1) 甲乙两人同时相向而行,1分20秒后相遇;

(2) 甲乙两人相向而行,甲出发44秒后乙出发,1分钟后相遇;

(3) 甲乙两人同时同向而行,14分40秒后乙追上甲;

(4) 甲乙两人同向而行,乙先走了两地距离的$\frac{3}{4}$,则3分40秒后乙追上甲。

请你从以上四个条件中选取两个,并根据你所选的条件求出甲、乙两人的速度。

【设计意图】

这是一个开放型问题,条件可以自由组合,问题呈现多样化、多元化和层次化。学生根据问题中的等量关系建立方程模型,体会方程的作用,掌握运用方程解决问题的方法,增强应用意识和创新意识。

【课堂反馈】

学生们展开了激烈的讨论,有的小组设甲的速度是x米/分,乙的速度是y米/分,列方程组得$\begin{cases}\frac{4}{3}(x+y)=880\\ \frac{44}{60}x+x+y=880\end{cases}$;有的小组设甲的速度是$x$米/秒,乙的速度是$y$米/秒,列方程组得$\begin{cases}80(x+y)=880\\ 44x+x+y=880\end{cases}$,对比发现第二种方程式计算起来会更简单;有的学生发现此题能根据题意建立六组方程组,其中五组方程组的解完全相同,甲的速度是每秒跑5米,乙的速度是每秒跑6米;学生们通过计算发现一定要先整理化简再计算,可以简化运算过程;(3)、(4)组合后建立方程化简后是同一关系式,是同解方程,有无数解。此题内化了方程知识,拓展了思考方法,学生表现出极大的学习兴趣。

五、构建知识框架结构,多元反馈学习情况

有效教学强调教学的落实与达成,这是课堂教学的核心所在。本节课基于立德树人与培育核心素养的教学理念,以"概念、方法、应用、反馈"为学科知识主线,通过融合多种教学方式,实现了教学的优质高效。

1. 教学目标明确,知识体系构建合理

本节课教学目标明确,通过二元一次方程组的不同解法"再创造"过程,发展学生的运算能力和模型观念,培养学生的创新意识和应用意识。在教学过程中,教师引导学生自己构造二元一次方程(组)复习相关概念,自编方程组回顾解二元一次方程组的基本解题思路和方法,使得学生对二元一次方程(组)的知识体系有了更加清晰的认识和理解。通过引导学生对多样化方案进行分析、梳理,形成整式方程(组)单元的知识结构思维导图。学生通过对开放性问题的探究,培养创新意识和应用意识。

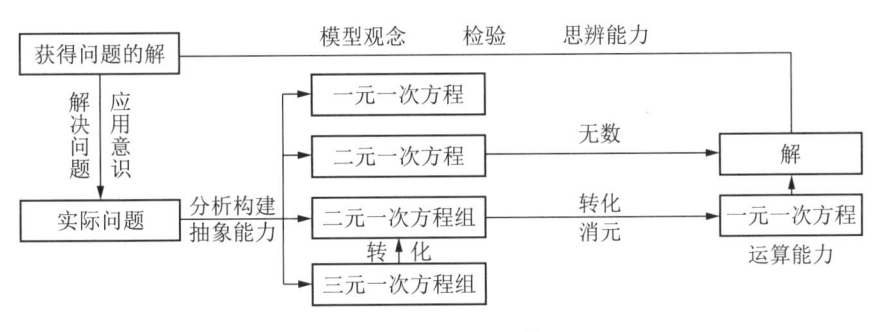

图 7 一次方程组结构图

2. 教学方式多样,激发学生学习兴趣

本节课采用了多种教学方式,如学生自主构造方程组、小组合作交流、相互评价等,这些方式不仅丰富了课堂教学形式,还极大地激发了学生的学习兴趣。通过求解自编方程组,学生感受到了数学的趣味性和实用性,从而更加积极地投入学习。同时,小组合作交流的方式也促进了学生之间的思维碰撞和相互启发,有助于加深学生对知识点的理解和记忆。

3. 注重过程评价与反馈，营造良好课堂氛围

在教学过程中，教师引导学生思考解决问题的方向和方法，加深对二元一次方程（组）相关概念及解法内涵与外延的理解，注重对学生学习过程和结果的评价与反馈；师生、生生之间进行多向互动交流，营造了良好的课堂氛围，使得学生能更加轻松地投入学习中去。

本节课以"四有课堂"为重要抓手，从"有的"出发，明确教学目标；以"有趣"呈现，激发了学生的学习兴趣和学习动机；按"有序"策划，组织有层次、有深度、有梯度的教学内容；并"有效"达成，注重课堂交流与反思，以实现优质高效的教学，培养学生的核心素养，实现科学素养的育人价值。

参考文献

[1] 中华人民共和国教育部.义务教育数学课程标准（2022年版）[M].北京：北京师范大学出版社,2022.

[2] 曹一鸣.新版课程标准解析与教学指导·初中数学[M].北京：北京师范大学出版社,2022.

[3] 史宁中,曹一鸣.义务教育数学课程标准（2022年版）解读[M].北京：北京师范大学出版社,2022.

[4] 上海市教育委员会教学研究室编.九年义务教育上海市初中数学学科教学基本要求（试验本）[M].上海：上海教育出版社,2017.

[5] 上海市中小学课程教材改革委员会编.数学（试用本）教学参考资料（六年级第二学期）[M].上海：上海教育出版社,2019.

[6] 史炯华,指向核心素养的"四有"课堂[J].上海市教师教育学院,2023.

核心素养导向的"四有课堂"在初中英语学科中的实践和探索

上海市北蔡中学　许群燕

一、引言

在当今教育领域,教育改革正朝着更深的层次推进,学生核心素养的培养也成了教育的关键指向。核心素养涵盖了学生适应未来社会发展和终身发展所需要的必备品格和关键能力,它要求教师关注的不仅仅是知识的传授,更要注重学生在语言能力、文化意识、思维品质和学习能力等多维度的发展。

在初中英语学科教学中,构建以核心素养为导向的"四有课堂"(有的、有序、有趣、有效)有着重要意义。"有的"能让教学目标明确,紧扣核心素养要求,有的放矢地引导学生学习;"有序"保障教学过程有条不紊,符合学生的认知规律,助力知识的有效吸收;"有趣"使英语课堂充满活力与趣味,激发学生对英语学习的热情,让学生在轻松愉悦的氛围中培养语言能力和文化意识;"有效"则确保教学活动能切实提升学生的综合素养,促进思维品质和学习能力的发展。这种教学模式是顺应教育改革潮流,落实核心素养培养的有力途径,值得深入实践与探索。

二、核心素养导向的"四有课堂"在初中英语学科中的实践和探索

"四有课堂"的教学模式不仅能确保课堂目标的精准性,帮助学生有序地构建知识体系,而且还能激发学生的学习兴趣,提高教学质量,为学生的英语学习和核

心素养的提升提供有力保障。以下是笔者在践行核心素养导向的"四有课堂"过程中的一些实践与探索。

（一）有的：围绕核心素养，明确初中英语教学方向

在课堂教学中，"有的"至关重要，它是教学的核心指导。"有的"代表着明确的目的、目标和方向，这一理念扎根于"立德树人"的根本任务，在实现学科课程目标的过程中落实，并在培养学生核心素养中体现其价值。

以上海（五·四学制）英语7A Unit 4中的 Smart homes 为例。该语篇是某个虚拟博客网站中由IT博主史密斯博士撰写的博文，主要为IT技术人员提供有关机器学习和人工智能领域的最新创新和变化。在备课时，教师应该先要对学生有足够清晰的认识。比如，班级部分学生思维活跃，对英语学习充满热情，课堂参与度较高，但仍有相当一部分学生比较内敛，英语语言表达能力稍弱。通过前两个课时的学习，班级里多数学生已能初步掌握本单元智能生活方面的一些词汇，但仍有些学生需要加强学习。学生对于智能家居生活的背景知识已经有了一定的了解，也能够明白智能家居设备协同工作的方式及其具备的功能。但在辩证思考智能家居带来的利弊以及结合自身体验，分析科技创新的意义及对日常生活的影响上可能存在一定的困难，学生可能不能准确用英语表述，需要在讨论的过程中或在教师的引导下完成。

在 Smart homes 第一课时的教学中，教师基于学生目前的学习情况，结合本课时的教学内容，将本课教学目标设定为：

By the end of the period, students are expected to:

1. Comprehend the stylistic features of a blog post;

2. Identify three features of smart homes and extract key information through appropriate reading strategies;

3. Discuss the advantages and disadvantages of smart home technology, and enhance a deeper understanding of the future prospects of smart home technology.

教学设计中，基于本课时的教学目标，结合学生学习中的困难和学习特点，设

计了以下几个教学环节：

1. Lead-in：Brainstorm smart devices and answer the question.

（引出话题，激活学生关于话题的背景知识，同时也能帮助基础弱的学生提升词汇的熟悉度。）

2. Pre-reading：Look at the title, photos, headings and answer the questions.

（引导学生通过仔细观察文章标题、图片和小标题，预测文章主旨大意。鉴于部分学生语言表达能力弱，教师提供语言支架：From ..., I guess/think/predict ...）

3. While-reading：

（1）Read for the first time and get the general idea of the blog post.

（2）Read again and try to understand three features of smart homes.

（3）Read the comments and list the advantages and disadvantages of smart homes in the text.

（4）Discuss how a blog is presented and what makes a good blog.

（通过层层递进的活动，引导学生了解博文的主旨大意、具体内容及智能家居的三大特点，通过完成图表的方式来帮助学生辩证思考智能家居带来的利弊，最后归纳博客的文体特点。）

4. Post-reading：Work in groups of 4 students, have a discussion about the advantages and disadvantages of the smart devices they have used.

（根据学生的能力水平和思维特点分组，让他们交流各自使用智能家居设备的经历。激励他们借助课堂所学内容以及自身已有的知识储备，对智能家居展开批判性的剖析，实现对所学知识的综合性运用。）

由此可看出，在具体的课堂教学中落实"有的"理念，需要从两方面着手。一方面，教师要重视学生，要充分了解学生的需求、已有的认知水平和学习特点等实际情况，这是教学的重要前提。只有清楚这些，才能基于学生实际情况，做到因材施教。另一方面，教师要深入研究教学内容、掌握教学特点和规律，根据对学生的了解以及教学内容的分析，针对性地制定出具体、合适的教学目标。在确定教学目标后,教师要围绕它们展开教学活动设计,从而确保课堂教学的高效开展,真正实现"有的"教学。

(二)有序:依循认知规律,构建有序的初中英语教学流程

"四有课堂"中的"有序"对课堂教学意义非凡,它着重强调课堂应具备良好的组织与秩序。在课堂教学过程中,"有序"包含根据教学设计教学和灵活调整优化教学两个方面。

仍以上海(五·四学制)英语 7A Unit 4 中的 Smart homes 第一课时为例。

如在 Lead-in 环节,教师凭借有趣的话题、图片引发学生兴趣,创造真实的语言学习情境。学生在 brainstorm 的活动时,教师应仔细倾听学生的回答,了解学生对智能设备的熟悉程度。若出现学生对个别单词不熟悉的情况时,教师可以提供简单的包含这个单词的例句,让学生从句子的语境中体会单词的用法和含义,以此来加强词汇学习。

如在 Pre-reading 环节,教师可以通过引导学生观察文章标题、图片和小标题等信息预测文章的主旨大意,同时教授多模态文本的阅读策略——预测(predicting)。若发现有学生在自主学习过程中有困难,不能推测文本主题和内容,教师可以以提问的形式引导学生进行信息解读、内容推测,如:What do you think "Smart homes" may have? How do you think "Low energy" helps us in smart homes?

在 Post-reading 环节,学生需要结合自身体验,分析科技创新的意义及其对日常生活的影响。教师应在讨论过程中巡视整个班级,并对部分能力稍弱的学生进行适时引导,及时给予提示和语言支架,鼓励、帮助学生准确表达观点,促进思维碰撞,提高英语表达能力和思维水平。

所以为了保证教学目标在课堂教学的各个环节都能有效落实,教师应该按课前准备好的教学设计有序开展教学活动。在课堂教学活动中,应以学生为主体,教师为主导。教师要充分发挥引导作用,鼓励学生积极参与教学活动,适时帮助学生,给予恰当的启发和引导,推动教学活动顺利进行。在评价环节,教

师要引导学生进行自我评价和相互评价,同时也要给予客观、有针对性的反馈,促进学生全面发展,让学生真正成为学习的主人,提高课堂教学的有效性和质量。

课堂是一个动态的环境,所以在保证教学活动有序开展的同时,教师也要根据教学中"教"与"学"的实际情况及时灵活地调整教学方法,保障教学进程有条不紊,促进学生知识和能力有序积累,培养学生的核心素养。比如,若学生对某个知识点理解困难,教师可放慢上课进度、增加例子或变换教学方式;若学生对某个话题兴趣浓厚,则可以适当拓展相关内容,激发他们的学习积极性。同时,教师也要关注学生的课堂参与度和互动情况等,对于不同层次的学生都应予以关注。

(三)有趣:激发学习兴趣,打造趣味横生的初中英语课堂

在"四有课堂"中,"有趣"这一元素是让课堂充满活力和魅力的关键,它就像一把神奇的钥匙,开启学生积极学习英语的大门。"有趣"作为课堂教学的激发点,具有激活和唤醒的作用。具体体现在四个方面:

其一,在课堂上精心安排能调动学生学习兴趣和积极性的教学内容,充分激发学生的内在学习激情,让他们主动投入学习中。比如教师在上海(五·四学制)英语 7A Unit 3 *Jobs* 单元导入时,通过单元主题图引导学生说出图中人物的职业,以此来激发学生的学习兴趣。学生在回答中会把在预备班学过的职业回忆起来,并能简单地描述这些职业的工作职责以及任职要求。通过这个活动,不仅让学生感受到了学习成就感,还调动了他们的学习积极性。

其二,运用多样化的教学手段与资源,让课堂变得生动活泼,极大地提高学生的学习兴趣。教师可以利用图片、歌曲、音频、视频等多媒体资源来丰富教学内容,也可以根据教学内容创设生动的语言情境,贴近学生的生活。此外,教师还可以采用 pair work、group work、role-play 和 discussion 等形式来丰富教学活动。比如,在上海(五·四学制)英语 7A Unit 3 *Jobs* 的 Viewing and listening 板块,教师可以先播放一段关于一位演员介绍自己一天工作情况的音频,让学生通过听来

识别说话人的身份,并能说出一些关键词如 the film set、remember lines 等来证明自己的推断。接着教师再播放这段视频,让学生能直观地感受到说话人在真实的场景下的语言使用。视频相较于文本和音频来说更加有趣,有丰富的画面和情节,能吸引学生的注意力,使他们更愿意去主动学习英语。

其三,要用富有激情的讲授和饱满的热情来感染学生。比如,教师脸上温暖而灿烂的微笑,抑扬顿挫的声音和生动有力的手势,都能紧紧抓住学生的注意力。此外,在恰当的时候给予积极的表扬和评价以及触动心灵的鼓励,就像给学生的心灵注入了强大的能量,都会增强他们的自信心和学习动力。比如,当一位平时性格内向不大愿意举手的学生终于鼓起勇气回答问题后,教师可以马上称赞:"Well done! You are so brave! Good girl/boy!"这种表扬会让学生意识到自己的努力和能力得到了认可。再如,对于在学习上有困难但一直坚持不懈的学生,每每发现了他们的进步,哪怕是一丁点,教师都可以在全班面前说:"Boys and girls, look at her/him. She/He keeps working hard, and now she/he has made progress. So even a tiny step forward is a remarkable achievement. We should all learn from her/his perseverance."这样触动心灵的鼓励,会让学生感受到自己的价值,极大地增强他们的自信心和学习动力,让他们在求知的道路上更加勇敢地前行。

其四,努力营造良好和谐的师生和生生关系,让学生在一个轻松愉快的氛围中学习,从而在教学过程中使学生有最大的收获和提高。为了形成良好的师生关系,教师应以平等、友善、耐心的态度对待每一位学生,无论是课堂上的观点分享,还是课后的闲聊倾诉,都要让学生感受到自己是被重视的、被尊重的。为了形成良好的生生关系,教师要引导学生学会欣赏彼此的优点,包容他人的不足;鼓励学生之间相互合作、交流和帮助。例如,在小组合作学习中,学生们共同完成任务,分享彼此的见解和经验,有困难时能互帮互助。在这样的环境下,教室就像一个温暖的大家庭,充满轻松愉快的氛围。学生们不再因害怕犯错而畏缩,不再因同学的竞争而紧张。在这样的氛围里学习,知识的吸收变得更加顺畅。无论是知识水平的增长、思维能力的拓展,还是在人际交往能力的提升上,都能让学生有最大化的收获。

（四）有效：落实素养提升，确保初中英语教学成果显著

在初中英语教学中，"有效"是教学的核心追求，是衡量教学质量的关键标准，它围绕着实现教学目标和提升学生核心素养展开。

首先，"有效"体现在学生有效输出和教学目标的基本实现上。教师可借助课堂观察、提问、练习、课后作业、阶段性测试等多种途径来检验目标的达成程度。仍以上海（五·四学制）英语 7A Unit 4 中的 *Smart homes* 第一课时为例。对于教学目标中理解博客文体特征这一项，可以通过在这堂课的 Summary 部分让学生总结关于博客风格、语言特点、结构形式等方面的问题来检验，如果大部分学生能准确回答出来，那就表明教学目标已基本达成。对于讲述智能家居技术的优缺点并深入理解其前景这一目标，可观察学生完成 worksheet 上优缺点表格的完成度和准确度来判断是否达成目标。这些方法能帮助我们确认学生是否有效掌握了相应知识，为后续教学改进提供依据。

其次，"有效"体现在学生核心素养的培养和提升上。在英语教学过程中，核心素养涵盖语言能力、文化意识、思维品质和学习能力等多重要素。通过多样化的教学活动，实现学生核心素养的全面发展，彰显出教学的有效性。仍以上海（五·四学制）英语 7A Unit 4 中的 *Smart homes* 第一课时为例。在语言能力方面，从导入环节的头脑风暴增加词汇熟悉度，到阅读环节多次阅读博文，包括获取大意、理解细节以及分析评论，都锻炼了学生的听、说、读等能力。在思维品质上，通过层层递进的阅读活动，尤其是讨论博客呈现方式以及小组讨论使用过的智能设备的利弊，培养了学生的批判性思维和逻辑思维能力。在文化意识方面，通过了解智能家居这一现代科技相关内容，让学生接触到现代科技文化元素，拓宽了国际视野。在学习能力上，教师为基础弱的学生提供语言支架，并且通过不同阶段的多样化活动，如小组讨论、回答问题等，帮助学生掌握阅读策略，提升自主学习能力和合作学习能力。

综上所述，核心素养导向下的初中英语"四有课堂"——有的、有序、有趣、有

效,是一个有机而统一的整体,它们相互关联、相互促进,共同为初中英语教学搭建了理想的架构。在教育改革的浪潮中,尤其是"双减"背景下,践行"四有课堂"模式,能让初中英语教学真正摆脱传统教学的束缚,落实核心素养培养。教师作为课堂的主导者,应深刻理解并积极实践这一模式,让英语课堂焕发出新的生机与活力。

促进"四有课堂"实现的初中英语作业设计的策略探究与实施

——以牛津上海版6BU4单元作业设计为例

上海市建平实验地杰中学　奚亚芸

一、引言

  2022年4月印发的《义务教育英语课程标准（2022版）》（以下简称《英语新课标》）强化了英语课程的育人导向，提出英语课程应着力培养学生的核心素养，即不仅要重视培养学生的语言能力、学习能力，也要重点关注学生思维品质和文化意识的培养。为了实现这一目标，《英语新课标》提出了要"加强单元教学的整体性"，建议教师"推动实施单元整体教学"。上海市北蔡中学提出了以核心素养为导向，构建有的、有序、有趣、有效的"四有课堂"教学模式，来推动学生可持续地发展。对于教师来说，教学包含备课、课堂教学、作业设计等。笔者认为，作业是课堂的延续，是促进"四有课堂"实现的一个重要环节，更是单元整体教学的重要部分。因此，笔者将聚焦初中英语作业设计如何促进"四有课堂"的实现及如何加强单元教学的整体性，即"四有课堂"和单元视角下初中英语作业如何设计。

二、单元视角下初中英语作业设计的提出

（一）提出的背景

  2021年7月中共中央办公厅、国务院办公厅印发的《关于进一步减轻义务

教育阶段学生作业负担和校外培训负担的意见》(简称"双减"政策)提出,要有效减轻义务教育阶段学生过重的作业负担和校外培训负担。"双减"政策的颁布和实施引发了社会的关注,各学校开始了作业设计改革。随即《英语新课标》提出了"单元整体教学",同时对英语作业的设计给出了明确的、有针对性的建议:作业的设计既要有利于学生巩固语言知识和技能,又要有利于促进学生有效运用策略,增强学习动机。这为正在进行的作业优化改革指明了方向。

(二)初中英语作业的现状

虽然《英语新课标》对作业的设计提出了要求,但从目前英语作业的实际情况看,大部分的作业设计缺乏目标引领,作业整体缺乏结构性,作业设计的内容缺乏素养立意等。部分教师认为作业只是课堂知识点的巩固,侧重于语言能力的培养,因此在进行作业设计时,仅着眼于课时,注重语法知识点的操练,多为选择题、词性转换、句型转换等;各课时的作业之间相对割裂,没有大单元意识,更无谈核心素养的培养。而有些教师有了单元教学的意识和优化作业的决心,但又无从下手。

(三)提出的意义

单元视角下的作业设计就能较好地兼顾解决这些问题。刘徽教授在《大概念教学:素养导向的单元整体设计》中认为,一个课时不能实现复杂的学习目标,一个单元的设计才会更有目的性和连接性,单元是"承载学科素养以及核心素养培养的细胞"。

单元作业设计有利于整合单元内所有课时目标和各个教学要素,能够很好地对作业内容做"结构化"处理,而不是仅仅着眼于割裂的课时知识点。它向上承接课程目标,向下统领单元内教学,能把各课时有机串联起来。

单元视角也更有利于给学生创设情境作业,从而培养学生的学科素养。丰富有趣的情境作业在"有趣"的课堂之后持续激发学生的学习兴趣,学生在巩固"四有课堂"中所学的知识点的同时,也锻炼了思维能力,提高了学习能力,渗透了文化意识。

三、单元视角下初中英语作业设计的策略

为了落实"双减"政策和新课标要求、优化作业,同时为了让作业有机链接每堂课、促进"四有课堂"的实现,笔者进行了牛津上海版 6BU4 *Staying healthy* 的单元作业设计。本文结合该作业设计,重点从作业目标的设计和作业内容的设计两方面阐述"四有课堂"和单元视角下作业设计的策略。

笔者所指的单元是牛津上海版教材中的一个自然单元,即一个 unit,有一个特定的主题。

(一)作业目标的设计策略

在设计单元作业时,一条或一组作业的设计如课堂一样要"有的",要以作业目标为起点,可见确定作业目标在作业设计中的重要性。

根据《初中英语单元教学设计指南》,作业设计的第一步是以单元教学目标为起点确定单元作业目标。确定了单元作业目标后才可以着手写课时作业目标并设计相应的作业。为了保证作业不脱离课堂教学、巩固课堂所学,在设计作业时,需要始终关注各目标间的内在联系。

1. 单元作业目标与单元教学目标相对应

作业是课堂教学的延续,作业的设计要以课堂教学为基础。单元作业目标的确定要对应单元的教学目标,这是单元作业目标与单元教学目标的统一。笔者参考单元教学目标制定了单元作业目标。

例1:6BU4 单元的教学目标之一为"理解并运用与日常活动、疾病、健康习惯话题相关的核心词汇、短语和句型",笔者确定的相对应的作业目标为"巩固与日常活动、疾病、健康习惯话题相关的核心词汇、短语和句型"。

单元作业目标的制定也可以是为了更好地培养和提升学生的核心素养,对教学目标进行适当地分解和再整合。

例 2：为了提升学生的思维品质、提高学生的学习能力，笔者结合 6BU4 单元教学目标："能运用动名词围绕'同学们最喜爱的活动'完成一份调查、画柱状图并写一份报告""通过阅读和听说练习，能运用'It's because ...'和'You should'的句型谈论疾病产生的原因，并给出恰当的建议"和"运用本单元所学的日常活动的词汇和表示频率的句型结构，就日常活动和习惯话题，书写并比较自己和同学的日常习惯"等，整合"报告""日常活动和习惯""谈论疾病""给出恰当的建议"等关键词，制定了单元作业目标："运用本单元所学语言知识和句型结构，用书面报告形式，描述日常活动和习惯、提出健康生活的相关建议"和"认识日常活动的合理安排，保持工作和娱乐平衡的重要性，提升在平时生活中保持健康的意识"等。

2. 课时作业目标与课时教学目标相对应

完成单元作业目标后便是制定课时作业目标。为了达到作业巩固和反馈课堂所学的目的，课时的作业目标也应与课时教学目标相呼应，并为之服务。笔者参考上海空中课堂各课时的教学目标制定了各课时的作业目标。同时，作业目标不能完全依赖教学目标中的条目进行设计，需要对教学中的重难点等进行拆分和整合。以第一课时作业目标为例：

例 3：第一课时的教学目标分别为：

① 通过文本阅读，理解核心词汇的意思及用法，会正确朗读；

② 通过读图预测文本内容，通过扫读归纳文本主旨，通过细读了解歌词的格式、韵律及作用；

③ 理解娱乐与工作的平衡关系，做到劳逸结合。

第一课时的作业目标分别为：

① 巩固文中核心词汇；

② 巩固动名词表示活动的用法；

③ 通过仿写，掌握歌词的格式、韵律及作用。

第一课时的作业目标①和②对应了教学目标中的①，是对教学目标①语言能力的巩固；作业目标③对应了教学目标②，是对教学目标②，即对诗歌格式、韵律及作用进一步理解和运用。教学目标③"理解娱乐与工作的平衡关系,做到劳逸结合"是文化意识维度的目标,需要在作业中巩固和渗透,笔者在设计课时目标时,认为仅依靠一个课时的作业很难较好达成这一项目标,因此没有把它作为课时的作业目标,但这一目标渗透在所有课时的作业中,也被整合为单元作业目标"认识日常活动的合理安排,保持工作和娱乐平衡的重要性,提升在平时生活中保持健康的意识"。笔者相信,在完成这一单元所有作业后,学生便会在潜移默化中达成此目标,这也正是单元视角下作业设计的优势所在。

3. 课时作业目标与单元作业目标相呼应

单元作业目标统领各课时的作业目标,因此课时作业目标除了要与课时教学目标相对应外,还要呼应单元作业目标,这样能够避免课时作业仅着眼于课时、只注重语法知识点操练的问题。

例 4: 第三课时的作业目标"巩固用特殊疑问句'Why do I always ...?'询问疾病产生原因,并用'It's because ...'来回答",这个目标呼应了单元作业目标中的"巩固常见疾病产生原因的表达,运用核心句型陈述疾病产生的原因,并给出恰当的建议"。

单元目标涵盖更广,还包括了其他课时的内容,例 4 中的单元作业目标比第三课时的作业目标多了"给出恰当的建议"的内容,这是第四课时的教学内容。

4. 各条作业与作业目标相对应

在作业设计时,每一条作业的设计是为作业目标所服务的。以图 1 的第一课时第三条作业为例,对应了第一课时中作业目标"通过仿写,掌握歌词的格式、韵律及作用"。

单元视角下的作业设计以更好地培养学生的核心素养为目标,因此笔者在设计每条作业时,都注重学生核心素养的培养。图 1 中第一课时的第三条作业,不仅发展了学生的语言能力,即动名词的使用,同时通过对英文诗歌的仿写,培养了学生的思维品质和文化意识,学生的学习能力也在分析和运用中得到提高。

3. Miss Guo and some other teachers like singing. They want to *adapt*(改编) the song on P21 of Student's Book 6B and give a performance to the students. Please help them finish the *lyrics*(歌词). Use the checklist below to help you while writing.

The following pictures are for your reference.

Play and work

He likes _____.	We love playing.	Play and work.
She likes _____.	We really love playing.	Work and play.
We love art.	We won't forget work.	We love both.
We really love art.	We really enjoy work.	We love both.
Fun! Fun! Fun!		
	He _____.	
He enjoys _____.	_____.	
She enjoys _____.	_____.	
We love sports.	_____.	
We really love sports.		
Go! Go! Go!		

图1 第一课时第三条作业

（二）作业内容的设计策略

在确定好大方向——作业目标后，各条作业也基本有了雏形。但一个课时或一个单元的作业并不是把所有的作业拼凑起来就可以，还要注意作业内容的内在联系，即"有序"。

1. 考虑作业的螺旋递进性

在设计作业时，为了适应学生的思维梯度，巩固课堂所学，并为下一节课做好准备，要考虑课时内每条作业之间、课时与课时的作业之间的递进关系。相同的学习内容在同一单元内的相同课时内、不同课时之间都应体现一致性和螺旋递进性,这样才能延续课堂的"有效"性。以同一课时内作业之间的关系为例:

例5:在设计的第一版第一课时的作业中,第一条作业为 Read the words in Word Box(from "indoor" to "forget") on P27 of Student's Book 6B。斟酌后,笔者认为这条朗读作业过于简单,仅仅朗读单词脱离了课堂所教的课文文本,与后面第三条作业中要求改编课文中的诗歌存在明显的断层,因此调整为读课文的要求:Read the words in Word Box(from "indoor" to "forget") on Student's

【第五课时】 Revision

One night, Jack didn't feel well. His parents took care of him and decided to take him to hospital next morning.

1. To make him feel better, Jack's parents sang a song to *lull* (哄) him to sleep.

   Task 1 Listen to the four *verses* (段) of the song, pay attention to the *symptoms* (症状) of Jack and fill in the blanks.

   Task 2 Mom sang beautifully and made Peter feel better. Can you find the rhyming words which make the song so beautiful? Circle out the rhyming words in the song.

2. Next morning, Jack's parents took him to hospital. Complete the conversation between the doctor and Jack, and fill in the blanks in the Medical Records.

3. Three days later, Jack was well and went back to school.
Suppose you are Jack. Talk with your friend about your experience and ask for some suggestions on outdoor activities. After the conversation, please help Jack complete his plan.
Act it out in pairs in the next class. *The pictures and the dialogue below are for reference.*

4. Jack's friend, Luke, *recommended* (推荐) a website to Jack to help him stay healthy. Jack finds it very interesting and helpful.

   Task 1 The four articles above are from different *sections* (部分) of the website. Can you find out which sections the articles are from? Link the headlines of the articles with the buttons of different sections.

   Task 2 Decide whether the following statements are true (**T**) or false (**F**) according to the website. If you think the statement is false, please correct it.

   Task 3 Jack wants to write an article and post it online, too. He has written part of it. Can you help him to complete the article?

图 2　复习课作业题干拼图

Book 6B and sing the song on page 21 of Student's Book 6B after the recording. 这样,学生在朗读课文中感受到了诗歌的格式和韵律,为第三条作业做好了铺垫。

2. 创设作业的情境串联

在设计单元作业时,为了达成培养学生核心素养的目标、有机链接一个单元内的课堂,创设情境作业是重要策略。其一是创设大情境。例如,第五课时复习课的作业是一组大情境作业(见图2),围绕主人公 Jack 的故事,把4个课时的复习内容用故事有机串联起来。如第一条作业呼应了第一课时的诗歌,第二条作业对应了第三课时的疾病,第三条作业则复习了第一课时中的日常活动和第四课时的提建议……4条作业形成了一个情节完整的故事,在故事背景下设计各种作业任务,让学生能将所学知识在相对真实的情境下综合应用或运用,力求培养学生解决真实问题的能力,也就是核心素养的培养。另外,这种情境作业也能更好地调动学生对于作业的兴趣,延续课堂的"有趣"。

除了用大情境串联一组作业外,笔者也在各条作业中尽可能地创设与课文情境相似的小情境,与课文联动,做到课堂的延续。如第四课时中的第二条作业

2. Interview one of your friends about habits in exercise, diet and entertainment(娱乐). Compare his/her habits with yours and give suggestions on changing bad habits. Complete the table below.

_____'s habits vs. My habits				
Activity	How often? (my friend)	How often? (I)	He/she should	I should...
🦶				
🦶				
🦶				
🦶				
🦶				

图3 第四课时第二条作业

> **Write and compare**
>
> Make a list of your habits. Ask about your classmate's habits and then compare them.
>
> | My habits | | My classmate's habits | |
> |---|---|---|---|
> | Activity | How often? | Activity | How often? |
> | • _____ | _____ | • _____ | _____ |
> | • _____ | _____ | • _____ | _____ |
> | • _____ | _____ | • _____ | _____ |

图 4　牛津英语上海版六年级第二学期　第四单元　第 26 页

(图 3)与第四课时第 26 页上的表格(图 4)相似,但又提升了难度,要求学生给出一些改变习惯的建议,既巩固了本单元"… should do"等重点句型,也要求学生对收集到的信息进行思考并给出合理建议,"有效"提升了学生的思维品质。

四、实践效果与反思

结合 6BU4 的教学,笔者课后组织学生完成设计的单元作业。相较于平时的课时知识点巩固练习,单元作业的内容和情境延续了课堂所学,与课堂关联性大、题型多样有趣、作业设计由易到难,符合学生的认知发展规律,学生完成作业的兴趣和积极性更高。单元作业注重提升学生的思维品质,多为创设的情境作业,没有唯一的答案,学生可以根据自身情况完成,增强了学习的信心。单元作业中的小组活动丰富,为学生共同讨论并优化学习方法和策略创造了条件,学生在完成作业时自然提升了学习能力。在学生完成单元作业时也显现出一些作业设计的问题。如小组作业给学生预留的完成时间不够充裕,导致有些小组没有按时完成作业或作业质量不高。学生的小组合作需要时间的磨合,一些较大的活动需要给学生预留更多的时间。

此次单元作业的设计探究和实施让笔者深刻认识到了作业是课堂教学的重要延伸与补充,是学生对课堂教学内容的进一步理解、巩固和内化,作业不应是机械地练习知识点、做应试题。在"双减"和新课标的背景下,单元视角下的作业无疑是作业改革的方向,是"四有课堂"的有效延续,能促进"四有课堂"的实现。单元作业以教学目标为基础、单元作业目标为引领,保证学生的作业与学生课堂所学的关联性;丰富的题型和情境作业有助于培养学生的文化意识、学习能力和思维品质,真正锻炼并提升学生解决真实问题的能力,培养学生核心素养的目标在单元作业中得以实现。

参考文献

[1] 中华人民共和国教育部.义务教育英语课程标准(2022年版)[S].北京:北京师范大学出版社.2022.

[2] 上海市教育委员会教学研究室.初中英语单元教学设计指南[M].北京:人民教育出版社,2018:56-63.

[3] 刘徽.大概念教学:素养导向的单元整体设计[M].北京:教育科学出版社,2022:66-70.

[4] 赵尚华.初中英语作业设计的七个建议[J].基础教育课程,2022(4):58-64.

[5] 曹轶姗.大咖说|崔允漷:新课程背景下的新教学"新"在哪里?[EB/OL].https://sghexport.shobserver.com/html/baijiahao/2022/04/24/723244.html,2022-4-24.

核心素养导向下的初中英语跨学科教学实践探究

上海市绿川学校　李国兰

教育是国家发展的基石,教师只有不断更新教育理念,才能适应时代对教育的需求,促进人的全面发展、终身发展。《义务教育英语课程标准(2022年版)》指出:英语核心素养具体表现为语言能力、文化意识、思维品质和学习能力四个方面,这四个方面相互渗透、融合互动、协同发展。在日常英语教学实践中,笔者始终坚持以核心素养为导向,力求把英语课堂打造成有的、有序、有趣、有效的"四有课堂"。教学有目的、有目标了,教学评才有抓手,才能确保学生学有所得;教学有秩序、有逻辑了,教学才能和谐快乐,促进学生深度学习;教学有趣、互动了,学生才能乐学善学,思维得到不断发展;教学有效、有成就感了,学生的核心素养才能真正得以培养,我们的英语课堂也才能成为师生教学相长的课堂。

英语学材内容包罗万象,与许多学科都有交叉,为了培养学生的核心素养,我经常引导学生进行跨学科的整合与拓展,旨在打破学科壁垒,促进学生综合运用多学科知识,进一步提高学生解决实际问题的能力。本文我以学材"北京的亲戚"为例,进行了跨学科教学实践,旨在培养学生综合素养,培养学生适应未来发展的正确价值观、必备品格和关键能力。

一、深入分析单元内容,精准确立教学目标

英语核心素养中,语言能力是核心素养的基础要素,文化意识体现核心素养的价值取向,思维品质反映核心素养的心智特征,学习能力是核心素养发展的关

键要素。

1. 梳理教学资料

本单元主题是"北京的亲戚"。它围绕北京的亲戚（Relatives in Beijing）展开话题，从计划北京之行开始，介绍了去北京的交通方式及产生的费用等在旅行中必会面临的问题，还介绍了北京的名胜古迹以及一封英语信，涉及听说读写不同的语篇类型。

2. 匹配核心素养

学生基于六七学年的各学科知识积累和初中生活的经历，对"城市旅游"肯定会有许多思考和感悟。所以我在备课中经过仔细研究，除了注意教学内容之间的衔接，注意学生的心理特征与学习习惯的发展和变化，注意学生语音、语调培养外，着重引导学生阅读技能的提高和对名胜古迹背后祖国灿烂文化的感悟，提高学生文化意识。

本课语言能力培养的语料非常丰富。有旅游计划中出现的何时、何地、怎么出行、坐飞机的时长、花多少钱的表达（when，where，how，how long，how much），也有旅行代理处工作人员的职业用语、堂兄妹们初次见面的打招呼（Good morning. Can I help you? Hi, Simon. Hi, Lucy. Nice to meet you.），还有不同出行方式时间和费用的表达与比较，比如两个半小时（two hours and a half/two and a half hours），1 500元（one thousand five hundred/fifteen hundred）基数词的英语读法，形容词与副词比较级的用法。在介绍北京景点的阅读篇章里有东西南北、东南、西北等八个方位的介绍以及不同位置用不同的介词（范围内用 in，范围外用 to，接壤用 on；先说"南北"再说"东西"的语法规定）。就时态而言，本单元出现了一般现在时、一般将来时和现在完成时。本单元有对话、记叙文、说明文等语篇；在语言交际中关注时间、地点、场合、交际对象、人物关系、心情处境和交际目的等因素。[1]准确掌握英文书信的格式也是学生们要学习的一种技能。

旅游话题与学生生活息息相关，是培养学生思维品质和学习能力很好的载体。我计划通过创设真实的情境，帮助学生夯实基础：出示学生们在语文学习中出现的一封中文书信，学生们通过"观察法""英汉对比法"的方式讨论、学习英语书信的格式。还可以出示一封英语电子邮件,借此引导学生们讨论、区别几者的异同。

北京景点的参观顺序上,我可以请学生根据景点位置和特点拓展讨论参观的先后顺序和逗留时长,判断其合理性和优缺点,以培养学生的批判性思维。还可邀请学生们把自己旅游的照片投影到教室屏幕上分享自己旅游的时间、出行方式、费用、地点和景点介绍,把刚学到的语言知识学以致用,从而练习语言、组织文章结构、表达自己观点和感受,文化意识的培养也就水到渠成了。

3. 基础理论依据

深入分析"北京的亲戚"这一单元内容时,我依据教学目标,基于教育心理学中的几个关键理论精心设计了教学活动,以确保教学活动的有效性。我参考了建构主义理论,该理论认为知识是通过学习者主动构建而非被动接受的。我设计了以学生为中心的教学活动,鼓励他们通过探索和实践来构建对北京文化的理解。我融入了多元智能理论,该理论由霍华德·加德纳提出,主张学生具有不同的智能类型。[2]在我的课程设计中,包含了各种教学方法,如视觉辅助、音乐、肢体动作和语言表达,以满足不同智能类型的学习需求。我还借鉴了维果茨基的社会文化理论,该理论强调学习发生在社会互动和文化背景下。我设计了小组合作学习活动,让学生在交流和合作中共同构建知识体系。我的教学设计也考虑了元认知理论,该理论关注学习者对自己学习过程的认知和调控。我鼓励学生进行自我评估和反思,以提高他们的自我调节学习的能力。

二、仔细探究单元内容,注重学生核心素养

在具体的教学实践中,其实并不存在一种固定不变、适用于所有情况的教学方法。因为教学面对的是具有个体差异的学生,他们的兴趣、能力、需求、各节课的生成各不相同。[3]"教学有法"和"教无定法"相辅相成。我们要根据课程标准和学生的实际情况,灵活选择和运用教学方法辅导每个学生,根据教学反馈及时调整教学方案,实现教学效果的最大化。

1. 基于语篇，培养核心素养

本单元六页的内容从八月份"为什么去北京""计划去北京""如何到北京""来到北京""参观北京""感谢北京亲戚""邀请北京亲戚来过春节"等环节讨论了"旅游"话题，属于"人与社会"范畴。

我通过语篇这一载体引导学生们提高语言能力（两个半小时、1 500等表达），提高思维品质（辨析、评价等），增强文化意识（民族自豪感、跨文化认知等），提高学习能力（探究、查阅资料、克服困难等）。

2. 深入语篇，培养核心素养

"同学们对北京其他方面还有哪些了解呢?"学生面对这个问题兴致盎然。是呀，北京是首都，也是一个国际化城市。学生们还想了解、阐述它的方方面面呢。学生们运用地理学科、数学学科的素养用英语介绍了北京的气候（不同季节的温度、降雨量、哪个季节多风等）、北京人口变迁、北京美食；运用积累的历史知识介绍了建都北京的朝代；介绍了北京经常召开的全国性会议、北京地方性戏剧京剧及其历史、北京的建筑风格。这一跨学科探究和讨论融合了多学科内容、强化了学生的语言运用能力。

英语学材题材广泛、包罗万象，与历史、地理、体育、美术等学科有许多交叉的内容。通过教学活动激活学生的思维，让他们从被动的学习状态转变为主动的学习状态。

3. 超越语篇，培养核心素养

"北上广深是同学们耳熟能详的超大城市。北京是我们的首都，通过本课学习我们了解了它的美丽景点和灿烂的文化。那它与我们居住的上海有什么不同呢? 同学们成年以后想在哪个城市生活工作? 为什么?"学生们各抒己见，观察的侧重点、看中的要素也是五花八门。有的学生还分享了从上海出发、在节假日预订飞机票比当天买还贵的经历以及原因。有的学生还提及有些预订网站"杀熟"的现象，笔者听了他说的"杀熟"数字对比都觉得不可思议。学生们运用发散性思维把所学内容与社会实际生活相联系让人印象深刻。

以学生生活中的实际问题为突破口，引导学生发掘文本、激发思维火花、丰富语言表达。学生在身体力行中,有了更多机会独立思考、相互协作、交流沟通、自主探究,让个体生命最大程度地了解了社会规则、文化历史、地理交通、抉择取舍,从而不断提升了自身综合素养。

三、敏锐捕捉课堂生成,开展跨学科小组活动

从北京的拓展讨论可以看出学生们对旅行、对各地名胜古迹非常感兴趣。为了让学生们掌握教材中的语言知识技能后进一步学以致用、提升思维品质和学习能力、了解祖国灿烂的文化、培养解决实际问题的能力,且因为学习该单元后正好是国庆长假,我组织开展了名为"国庆假期出行计划和攻略"的小组活动。

为了完成这一为期两周的学思结合、用创为本的英语小组活动,学生需要查阅、了解地理、历史、音乐、政治、美术等多学科的知识和技能。全班30人,根据大家的提议,全班分为5个小组,分组制定国庆出行攻略,通过分工合作、细化每个要素,填充表格(表1),以期学生们能够从各方面深入了解某一个地方。活动开展过程中,学生们可以请教地理、历史、美术、音乐等老师了解所选旅游目的地的历史人文信息,也可以自己上网查阅资料。然后各组在课堂上分别进行汇报并进行自评和互评(见表2和表3)。

表1 国庆假期出行计划和攻略

小组名称(name):
小组成员(members):

旅游目的地 Destination	该地历史故事 Historical story	
	该地景点介绍 Places of interest	
	该地音乐特点 Music and songs	
	该地美食介绍 Food and snacks	

(续表)

旅游目的地 Destination	该地气候特点 Climate				
	该地人口数量 Population				
	该地近年变化 Changes				
	该地画作和电影 Art				
出行方式 Transport	飞机 By plane	火车 By train	汽车 By coach	轮船 By ship	开车 By car
出行费用 Expenses					
出行时间 Time					
注意事项 Notes					
教师评价 Grade	项目 Items	优秀 Distinction	良好 Merit	及格 Pass	重新提交 Resubmission
	内容丰富 Content				
	信息准确 Information				
	表达准确 Language				
	字体美观 Handwriting				
	及时上交 On time				

表2　小组成员自评表

	学生姓名	
我能有效收集信息（20分）		
我能与组员有效沟通（20分）		
我积极参与小组活动（10分）		
我给组员提供帮助（20分）		
我与组员相处愉快（10分）		
我能总结活动经验和不足之处（20分）		

表3　小组互评表

组员姓名						
有团队精神和奉献精神(50分)						
能按时完成自己的任务(50分)						

在小组活动过程中,组员们请教多门学科老师、去图书馆查阅书刊、上网搜集信息、欣赏当地民歌、相互探讨帮助,他们的责任担当、国家认同、社会参与和自主发展方面都得到了一定程度的提升。他们合理分工,秩序良好,在选取汇报材料时学生详略得当、适当取舍。学生们在听取其他组汇报时练习了英语听力,提高了英语语言表达能力,吸收了多元信息,核心素养在不知不觉中得到了融合发展。[4]

四、注重跨学科活动过程,全面提高教学效能

跨学科小组活动极大地激发了学生的学习兴趣,小组活动成果精彩纷呈。

以下选取的是"国庆假期出行计划和攻略"中"重庆小组"的英语展示内容。"重庆小组"每个成员分工查阅资料、分别用英语介绍自己负责的内容并提供图文,小组成员共同讨论如何让英语表述得更准确地道、相互提醒语音语调的正确使用和讲话时的仪表仪态。这些环节都优化后,小组的展示内容丰富、图文并茂,英语语言流畅。

"重庆小组"各成员介绍:

小明:Chongqing, a city in southwest China, is famous for its unique terrain. The city is situated on mountains and hills, giving it a stunning landscape. Most buildings are constructed following the natural terrain. You're visiting a normal square? Wait! You will find that you're actually in a 22-floor-high building if you go to the edge of the square. The amazing modern buildings and unique transportation system make Chongqing a popular city to explore.

小刚:Another iconic feature of the city is the subway, which passes through buildings, creating a remarkable sight. If you go to Chongqing, you can also visit many interesting places such as Hongya Cave(洪崖洞), Three Natural Bridge(天生三桥), Jiefangbei Monument(解放碑), Jinfo Mountain(金佛山), Gele Mountain(歌乐山), Tiankeng and Difeng(天坑地缝) and Three Gorges Museum(三峡博物馆).

小蕊：You can go there by ship, by plane and by bus. The highest temperature is 26—29 ℃ in summer and the lowest temperature is 4—8 ℃ in winter. It is also called foggy city because of frequent fog.

小艺：You can enjoy many kinds of local food in Chongqing. You can eat crystal noodles(酸辣粉), swelled candy rice(米花糖), preserved szechuan pickle(榨菜) and hot pot(火锅). They are all special and delicious.

小丽：Chongqing has a population of about 31,914,300(in 2023) and it covers 82.4 thousand square kilometers. The famous "Chongqing Negotiations" took place here in 1945. The events of Cinder Cave(渣滓洞) and White Residence(白公馆) also happened here on 27th December 1949 and more than 400 communists were killed. The novel "Red Rock" is very famous and has been translated into many foreign languages. We can watch it on TV and in theatres.

小晨:影音、图片搜集。

五、反思跨学科教学实践

1. 教学过程要有秩序更要有逻辑

为了让各小组"国庆假期出行计划和攻略"展示活动精彩有序,我注重活动规则的制定和执行。在开展小组活动前,我要求每位组员都承担一定的任务,并与团队成员有效沟通,共同完成任务;鼓励组员相互帮助和支持,以实现团队目标。在跨学科小组展示前,我提醒每位学生都应尊重他人的观点和发言;在同学发言时,其他学生应保持安静,认真倾听,不打断、不嘲笑,以示对发言者的尊重。在每组展示后,鼓励每位学生在课堂上积极参与讨论,分享自己的想法和见解。每位学生都应至少提出一个问题或发表一次评论,以确保课堂的互动性和活跃性。[5]在课堂上,学生应保持适当的坐姿,避免做出干扰他人的行为。

在现实生活中,大家在制订旅游计划时不仅会考虑目的地的湖光山色,还会考虑该地的人文信息、美食、气候、人口、音乐、出行方式和历史沿革等因素。大家在完成表格过程中对该地有了更深入、更全面的了解。这一切不仅帮助学生拓宽了知识面、练习了英语语言、融合了各学科知识和技能,也提升了学生思考真实问题的思维品质。

2. 活动开展要有趣更要有成就

在跨学科小组汇报课堂上,我鼓励各小组根据自己的旅游目的地,利用教室的物理空间提前张贴好各地的地标性图片,如桂林山水、壶口瀑布、少林寺等,将教室转变为一个小型的全国地理、历史、文化"展览馆",让学生仿佛置身于祖国的美丽河山和人文荟萃中。在各组展示过程中,组员还利用多媒体设备播放具有各地特色的音乐和视频,如昆剧选段、陕西秦腔、四川变脸等,通过感官体验,学生们深刻地感受到了当地灿烂多元的文化魅力。

"国庆假期出行计划和攻略"小组活动的汇报呈现堪称百花齐放、精彩纷呈。首先,大家的目的地五花八门,介绍的内容丰富有趣。其中许多要素的采集和介绍让我忍俊不禁。比如,有个小组旅游目的地选择的是济南,原因是想看《还珠格格》里提到的大明湖。

每个小组成员都因为自己在组内的努力和贡献而倍感成就满满。在设计旅游目的地内部景点游览路线时,除了"省时、顺路"等基本要素外,有的学生还考虑到不同出行方式花费的多少,有的学生考虑到了公交车拥挤和晕车的问题,还有的学生考虑到国庆节天气温度对某景点游览舒适度的影响以及服装的准备。我不禁惊叹我们的学生是如此的细心、务实和体贴。

在学习过程中,学生们问了我许多课本上没有的景点以及描述该景点的词汇,说是要让自己小组的表现出类拔萃、名列前茅。我一边答疑解惑,一边提供支架,欣慰和幸福感油然而生。欣慰的是我们的学生思维活跃、勇于探究、敢于表达;幸福的是我们师生可以同频共振,一起在求知中探索、共同在学海里遨游。

师生关系应该是共同学习、相互促进、教学相长的关系。互信、快乐、和谐的师生关系不但会产生融洽的课堂气氛,也会带来良好的教学效果,提高课堂教学的效率,促进学生的全面发展。

各小组汇报分享后,师生看着各小组张贴在教室展示板或墙壁上的图文时,课堂上洋溢着欢乐幸福的气氛。师生都感受到了巨大的归属感和成就感。

3. 学科融合有探究更要有效能

现实生活中许多问题是不能完全依赖单一学科就能解决的。问题的攻克和落地需要多学科的视角、足够的知识储备和获取所需信息的多种技能。多学科的横向关联与纵向延伸是必不可少的。

我通过持续的评估和课堂反馈不断优化调整后续教学。在每个教学环节结束后,我都会及时收集和仔细分析学生的反馈,从中识别出教学中的优点和不足,并据此调整我的教学策略。[6]我与学生共同构建了一个动态的、响应迅速的学习环境,其中每个学生的声音都能被听到,每个学生的学习体验都能得到关注和提升。这种持续的评估和反馈机制,不仅帮助我更好地理解学生的学习需求,也促进了教学内容和方法的不断改进。

本次开展的"国庆旅行计划和攻略"小组活动就是基于学材、基于学生兴趣、基于课堂反馈进行的探究实践。在小组实践活动中,学生不仅要探究英语语言的应用,还要去探究目的地的气候、人口、历史风貌,当地的民歌、音乐、美食以及与当地相关的画作、电影、方言等。这些都是该地文化不可或缺的一部分。探究之余学生们激动而且迫不及待地在班级钉钉群里分享自己了解到的当地民歌和与当地有关的电影。师生在多次欣赏各小组的影音饕餮盛宴时更激起了自己进行探究的欲望。潜移默化中学生们的思维被激活了,学科界限被打破了,学习时空被拓展了,创新能力和可迁移的素质能力提升了,文化意识增强了,核心素养提高了。

4. 教学目标要明确更要主体清晰

明确而具体的教学目标是课堂教学的出发点和归宿。只有教学目标制定得明确、适切,每一个教学活动才能被甄选、确定,学生也才能被引导着进行有针对性的学习,让学习真实发生。教学目标是课堂教学的灵魂所在。

在开展小组活动时我充分考虑了学生的实际情况,包括学生的英语水平、学习习惯、兴趣爱好、认知特点等,确保了教学目标的可行性和教学活动的针对性、有效性。我引导学生理解、应用学材内容并进行学以致用,鼓励学生从不同角度审视问题,寻找新颖的解决方案,学会分析、评估信息的真实性和价值,从而有效地解决问题。跨学科小组实践活动增强了学生自主学习能力,使学生主动探索了未知领域,不断充实了自己。

大家都知道语言学习重在"Practice makes perfect(熟能生巧)"。语言互动是课堂教学的重要组成部分。在教学中,我积极地创设情境,引导学生参与小组活动、课堂讨论、合作学习和语言实践活动,进行师生、生生之间的有效交流。学生出现语言错误时,我根据具体情况或者直接给出正确表达,或者引导学生进行自我修正。通过互动,学生更好地运用了语言,巩固了所学知识,提高了语言综合运用能力和语言交际能力。

黎加厚教授提出的"生成式探究模式"(激发—任务—对话—迁移—结论—评价—激发……)给了我许多启发和底气。根据语篇内容,师生讨论完北京的名胜、历史、饮食等后,学生们还是兴趣盎然、不能自已,于是我们继续开展了后续的"国庆假期出行计划和攻略小组活动"。

这一切设计都是基于学生的主体身份，基于认真分析的学情，基于学生认知特点，基于我关注学生的个性发展，注重教与学的双方互动。[7]教师不是单纯的知识传授者，而是教育者、引导者和辅导者。学生不是被动接受知识的对象，而是学习的主体。学生只有"学中做、做中用、用中学"，才能习得语言，优化思维品质，培养批判性思维和创新思维。学生是否学到、学会是最重要的。

在课堂活动中我鼓励学生提出新观点、新方法，培养创造性思维和批判性思维。创造性思维帮助学生跳出传统框架，批判性思维则使他们能够批判性地接受新事物。学生的学习兴趣和潜能得到了极大的激发，提高了教学效果和学习成果。

结合本单元主题，我以核心素养为导向，根据课堂生成找准联结点、建立支撑点、寻找生长点，在真实情境下组织学习，让学生在实际生活中运用英语解决问题，提高实际应用能力。学习过程不但极大地激发了学生的学习兴趣，学生的学科知识在与其他学科知识链接中也得到了极大的拓展，增强了不同学科之间知识和方法的相互关联和结合，为学生认知结构的重组、补充和建立奠定了基础，真正实现了新课标所倡导的"学生学会了"的理念。课堂有的、有序、有趣、有效，师生在教学过程中都得到了成长。

参考文献

[1] 中华人民共和国教育部.义务教育课程方案（2022年版）[M].北京：北京师范大学出版社，2022：39.

[2] 施澜,郑新华.基于"学会学习"的元认知理论与教学启示[J].文教资料，2020(16)：178-180.

[3] 薛红霞.跨学科主题学习的内涵、设计与实施[J].北京教育学院学报，2024，38(2)：14-19.

[4] 赵妍.新课改背景下初中英语教学课堂管理的现状与解决对策[J].学周刊,2024(18)：133-135.

[5] 宗爱玲.初中英语课堂有效教学组织.2019年"教育教学创新研究"高峰论坛论文集[C].2019.

[6] 蓝雪超.初中英语课堂动态分层教学管理的行动研究[D].青岛:青岛大学,2023.

[7] 曹少鑫.互动教学模式在初中英语课程教学中的运用[J].学周刊,2024(31):147-150.

"双新"背景下小学道德与法治议题式学习实践探索
——以《我们所了解的环境污染》一课为例

上海市浦东新区北蔡镇中心小学　吴斯娇

依据《义务教育道德与法治课程标准(2022年版)》,小学道德与法治学科须培养学生的政治认同、道德修养、法治观念、健全人格和责任意识,建议教师使用议题式学习的方式引导学生进行学习,以提升其核心素养。同时,在大中小学思政一体化、"双新"背景下,鉴于道德与法治课程学习成果与学生生活实际行为习惯间的"剥离",进行议题式学习,可以让学生在课堂中更充分地理解、分析生活中的实际问题,增强课堂与生活的紧密性,以获得更好的学习成效。

议题式学习是"以争议性议题为课程核心,将相关知识围绕议题组织起来,并运用各种手段,将不同观点的议题呈现给学生进行探究的教学策略和课堂组织方法"。强调学生的主体性和探究性,让学生从问题出发,逐步发现问题、提出问题、分析问题和解决问题。教师在小学道德与法治教学中运用议题式学习,须结合议题式学习的特点,形成对应的学习目标、学习过程和评价,以议题为主要线索串联教学中的知识点,构建生活化的场景,引导学生探索知识,实现育人目标。

一、困境微探:小学道德与法治议题式学习现状与分析

议题式学习虽是新课标中的要求,但在实际的小学道德与法治课堂教学实践中实施却存在诸多的困难与问题。

（一）教师认识不足

由于议题式学习在小学道德与法治教学中的应用较少，部分教师并没有充分认识到议题式教学的优势及作用，对其重视程度不足。同时，就目前小学道德与法治学科的教学实际来看，大部分都是兼职教师，较难有足够的精力对道德与法治议题式学习等新课标重点内容进行深入学习与探讨。

围绕"你是否了解议题式学习？""你有在课堂中进行过议题式学习吗？""你觉得议题式学习在小学道德与法治课堂中存在的困难有哪些？"等问题，对校内33位道德与法治学科教师进行问卷调查、采访，得到以下结果。

表1 教师对议题式学习的认识调查

问题	结果：是	结果：否
你是否了解议题式学习？	12.1%	87.9%
你是否在课堂中尝试应用议题式学习？	5.6%	94.4%
你觉得遇到的困难有哪些？	1.难度高，不易操作；2.学生水平不够，效果差；3.耗时耗力	

可见，教师本身对议题式学习的了解仍有较大的欠缺，而实践经历更是少之又少。

（二）学生能力局限

由于议题式学习在小学阶段开展的频次较少，对学生小组讨论、表达观点、收集信息等能力的要求较高，较多小学生无法适应议题式学习。同时，议题式学习需要学生有一定的生活经验，了解生活中的各项政策、现状等，部分缺乏生活经验的学生无法真正理解议题的内容，导致对于议题的分析有一定的困难。

（三）议题设计复杂

议题式学习的议题内容至关重要。杨维凤老师提出议题设计或选择要做到"围绕课程目标、结合内容要求、参考教学提示、联系学生实际"四要求；李勤老师指出议题要具有"思辨性、生本性、学科性、综合性、情境性、序列化"六原则。这对议题设计提出了非常高的要求。很多教师不愿意设计议题进行议题式学习或议题设计不当,导致学生参与度不够等情况。

二、破局之道:小学道德与法治议题式学习策略与实践

针对以上调查中产生的问题,为了提高教师、学生开展与参与议题式学习的积极性,优化议题式学习设计,本文以小学道德与法治四年级下册"让生活多一些绿色"单元中的《我们所了解的环境污染》第一课时为例,从议题式学习内容选择的适切性、活动设计的针对性和评价实践的一体性等几个方面进行梳理和探索。

(一)优化议题式学习内容选择的适切性

1."有的"——围绕学习目标

议题式学习内容的选择首先要基于课程学习目标,即有目的地学习,围绕学习目标来设计议题内容。

《我们所了解的环境污染》一课对应《义务教育道德与法治课程标准(2022年版)》中培养学生道德修养的核心素养,体现在"热爱自然,了解自然是我们生活的共同家园,懂得保护环境、爱护环境、节约资源"。其中,第一课时目标为:①知道塑料制品用途广泛,了解塑料的功能与特性;②明白"白色污染"给环境造成的危害与困扰;③思考减少"白色污染"的办法,做到要保护环境、爱护环境。

同时,议题式学习目标不仅要包含新课标中提出的小学学段的关键能力、必备品格和正确价值观等核心素养,还需要依据议题式学习特点设计通用技能目标,如信息搜集、归纳分类、小组合作、批判辩证、展示汇报等技能的提升。

图1 议题式学习目标组成

2."有趣"——联系学生实际

议题式学习的主题需要紧密联系学生生活实际,学生才会有话可讲。学生通过对现有生活进行了解后,根据自己的思考进行议论、探索,提出解决方案等,做到有趣地学习。

在《我们所了解的环境污染》第一课时中,主题为"白色污染",即塑料制品的使用情况,与学生生活的联系十分紧密。学生通过生活中的观察、新闻的收集、身边人的采访等较易操作的环节,就可一定程度上了解塑料制品污染的现状以及产生的原因。同时,"白色污染"与每一个人未来的生活息息相关,学生对环境污染充满了好奇与关心,能够更好地主动参与到议题式学习中去。

结合以上学习目标与联系学生生活实际,在《我们所了解的环境污染》第一课时中,教师设置"我们可以不使用塑料制品吗?"为学习议题。此议题既是一个充满挑战的问题,因为学生首先要对"白色污染"有充分了解,才可以有自己的思考;又是一个辩证的问题,学生需要结合生活中的实际场景,辩证地看待塑料的作用与危害。此议题能锻炼学生收集信息、综合思考、小组合作、有效汇报等能力,处于小学高年级学生的"最近发展区",学生更有意愿参与其中。

(二)提升议题式学习活动设计的针对性

1."有效"——充分创设情境

针对议题式学习的特点,议题情境的设计能够让议题变得有实践感、真实感,让学生获得亲身感受的体验,并具体发现、分析、解决问题。

在《我们所了解的环境污染》一课的议题"我们可以不使用塑料制品吗?"中,设置"塑料袋漂流记"情境,将图文故事转化为动态视频,并让学生续编故事,情境演绎——由一个塑料袋的漂流记,讲述塑料袋由于其不可降解性飘到田野、海洋中以及焚烧产生的空气对环境方方面面的危害。学生根据此情境,通过看一看、演一演,联系到生活中自己家人使用塑料袋的实际情况,更直观地了解塑料制品在生活中的应用和对环境的影响,为后续活动的议题分析、发表观点打下基础。

2."有序"——规范学习流程

议题式学习分为三个流程:信息收集—合作交流—汇报展示。教师引导学生开展资料搜集、课外调研,引导学生学会根据已有信息进行分析整合,鼓励学生在汇报阶段充分展示表达、学会分享感悟,更多地将课堂的学习过程还给学生,做到在"议中学"。

根据此学习流程,围绕议题"我们可以不用塑料制品吗?"教师组织学生开展小组合作学习,针对性设计以下学习活动:活动一——收集资料,了解塑料制品的优点与作用;活动二——情境观察,了解塑料制品的危害、与白色污染的关系;活动三——小组交流,说说我们在生活中可以不使用塑料制品吗?应该怎么做?活动四——汇报展示,提出关于白色污染的解决方案。

其中,活动一是议题式学习的基础,结合资料查询和课堂学习整合,充分了解塑料制品的特点。学生通过观察与收集家中的塑料制品、上网查询等方式,了解到塑料制品有便宜、耐用、防水、轻便、安全、不易损坏等优点,家中有非常多的物品都是由塑料制成的,如矿泉水瓶、脸盆、文具尺、药水瓶、积木玩具等。活动二是为充分展开议题而设计的情境,帮助学生更好地体会到白色污染与生活的关系。活动三在前两个活动的基础上,学生围绕"我们可以使用塑料制品吗?"这一议题开展小组讨论,产生两方观点,分别为"塑料制品优点多,我们不可能不使用"和"白色污染给环境带来巨大危害,我们不应该使用塑料制品"。学生们依次在组内发表观点和理由,并针对白色污染提出作为小学生力所能及的具体做法,以下为部分课堂实录。

学生1:我认为我们不应该再使用塑料制品,因为我们可以用环保袋装东西购物,用自己家里的杯子去买饮料,用家里的碗去店里装东西吃,可以做到不使用塑料袋。

学生2:我不同意他的观点,因为塑料制品不仅仅是塑料袋,我们用的文具,还有看病时用的盐水袋、针筒都是塑料做的,如果真的不使用,我们要怎么办呀?

学生3:我觉得应该要综合起来看,不得不用塑料的时候,或者有些塑料可以长期不用更换的时候我们就要用,但是有些可以不用的场合就减少使用,完全不用是不行的,比如我们的尺子,之前有小朋友带的是钢尺,虽然不影响使用,但是非常危险,不适合我们小学生。

活动四是整个议题式学习的总结部分,学生将小组讨论的结果进行归纳总结,并根据结论提出解决方案。学生提到可以在不是必须使用塑料制品的物品上用替代品代替塑料,如纸吸管、环保袋、玻璃杯等;减少不健康的又会产生塑料垃圾的行为,如点外卖,买过度包装的物品等;对于部分可以循环使用的塑料制品,可以好好保存,重复利用,减少塑料垃圾的产生。同时,对于不是易耗品或找不到替代品的塑料制品,依旧可以正常使用,让我们的生活更便利。

回顾四个活动设计,前后联系紧密、逻辑清晰,贴合议题式学习流程。针对"白色污染"这一学习主题,通过调查、观察、讨论、展示四个环节,让学生在了解"白色污染"的基础上,在小组内展开了充分的讨论和交流,引导学生带着辩证的思维去思考议题,做到有理有据,并给予学生将组内观点进行整合、归纳、总结的时间,由小组代表在全班有效输出。

(三) 形成议题式学习评价实践的一体性

基于教学评一体化的议题式学习,评价的设计应充分和学习目标、学习活动有机统一。评价主体主要为教师和学生;评价内容包括学生在议题式学习过程中的表现和最终展示汇报成果的评价。

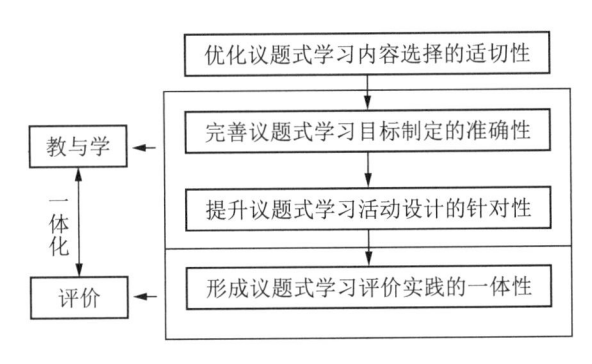

图 2 小学道德与法治议题式学习策略与实践

在《我们所了解的环境污染》一课中,对应议题学习目标,结合学习活动,评价内容包含学生小组提出环境污染改善方案成果的评价,学生在议题式学习中小组合作、分析环境污染现状及原因等过程性评价。针对成果汇报的评价从"了解污染现状及其原因,改善方案基于现状、便于操作,改善方案将有较明显的效果"三个维度设计评价量规,以学生、教师两个主体在全班范围内进行评价;针对学生在议题式学习过程中表现的过程性评价包括"学生认真参与小组合作、认真倾听他人观点,积极搜集关于环境污染的信息,针对环境污染议题有自己的思考"等维度,由学生自己和组内成员为评价主体进行评价。

表 2　成果评价量规

评价维度	学生评	教师评
了解污染现状及其原因	☆☆☆☆	☆☆☆☆
改善方案基于现状,便于操作	☆☆☆☆	☆☆☆☆
改善方案将有较明显的效果	☆☆☆☆	☆☆☆☆

表 3　过程性评价量规

评价维度	自己评	组内评
我认真参与小组合作,认真倾听他人观点	☆☆☆☆	☆☆☆☆
我积极搜集关于环境污染的信息	☆☆☆☆	☆☆☆☆
针对环境污染议题,我有自己的思考	☆☆☆☆	☆☆☆☆

三、长效引擎:小学道德与法治议题式学习成效与总结

(一) 师生参与度提高

此次实践中的议题选择,紧紧围绕课程目标,与学生的生活紧密结合,包括生活中塑料袋的使用情况、塑料制品的作用和产生的危害等,学生参与的积极性普遍较高,且有话可说、有理可依。教师在授课的过程中,得到了较多正向反馈,引导学生对"白色污染"的定义、现状、产生的原因以及改善方案等内容进行思考与交流。

（二）学习成效提升

通过此次实践，在议题式学习的过程中，学生不仅是对道德与法治学科内容进行学习与运用，在收集信息、小组讨论、展示汇报的过程中还自然而然地融合了信息技术、美术、语文等学科的实践运用，即体现了跨学科学习，提升了综合学习能力。同时，基于学习目标，设计学习活动，制定学习评价，做到教学评一体化，部分学生在课后主动与教师分享生活中塑料制品使用的情况与期望，学习成效有所提升。

结语：

在"双新"教育改革背景下，小学道德与法治中议题式学习的探索，为学科核心素养的落地提供了新途径。本文以《我们所了解的环境污染》为锚点，用议题式学习让课堂从"知识灌输"转向"素养养成"。未来，需以系统性思维构建"理论——实践——反思"闭环，助力议题式学习从"创新尝试"迈向"常态深耕"，成为学生终身发展的长效引擎。

参考文献

[1] 夏婷.大单元视域下小学道德与法治议题式教学实践研究[J].智力,2024(8):191-194.

[2] 茅亚平.小学高年级道德与法治议题式课堂构建策略[J].天津教育,2023(36):43-45.

[3] 王瑛.小学道德与法治议题式教学策略分析[J].新智慧,2023(33):71-73.

[4] 孙幽兰.基于议题式学习的小学道德与法治教学研究——以五年级下册《中国有了共产党——星星之火，可以燎原》为例[J].成才,2023(18):67-69.

核心素养导向的"四有课堂"的实践探索
——以初中体育课堂运动技能发展与体能训练的平衡研究为例

上海市绿川学校　俞有民

体育课堂是学生集中学习体育知识、发展体育技能、进行体能训练的重要场所，能够改善学生身体素质，增强学生体魄，使其身心得到健康发展。在体育教学中，体能训练是各项运动技能的基础，运动技能的提升离不开体能训练的支持，当然，学生在发展运动技能的过程中体能素质也得到了很大程度的提升，两者之间的关系应当是平衡的。然而，在实际教学中，部分教师依然存在认知局限，错误地认为运动技能发展与体能训练的关系并不紧密，并未平衡两者之间的关系，存在过于看重技能训练或过于看重体能训练的问题。为此，下文将深入分析运动技能发展与体能训练之间的联系，落实以核心素养为导向的"四有课堂"，即有的、有序、有趣、有效，并以此为基础探究体育课堂教学策略，开展高质量体育教学活动，确保学生在掌握各项运动技能的同时增强体能基础。

一、运动技能发展与体能训练之间的关系

（一）运动技能与体能素质

运动技能是指通过学习和训练而形成的有法则的操作活动方式，如跑步技能、篮球技能、跳远技能等，各种运动技能具有物质性、外显性和展开性的特点。心理学将运动技能的形成分为三个阶段，即认知阶段、联系阶段和完善阶段。在体育课堂中，体育运动的最终教学目的应定位为提高学生运动技能，促使学生在掌握各项运动技巧的同时，了解背后的体育思想和体育文化。体能素质是指人在

运动中表现出来的力量、速度、耐力、协调等自然力,是运动员竞技能力的重要构成因素。在体育课堂中,体能素质的高低直接影响学生的体育运动水平,教师可通过体能训练提升学生的体能水平。从关系上看,两者既相互独立,又互相影响,是相辅相成的关系。[1]

(二) 体能训练是运动技能发展的基础和前提

在体育锻炼中,运动技能的发展与提升离不开体能训练,可以说,体能训练是运动技能发展的基础和前提,对运动技能的提升起到了重要的影响,其必要性主要表现在以下几个方面:

第一,体能训练是发展运动技能的身体基础。体能训练作为一种系统的训练方法,是提高运动员身体素质和运动表现的重要手段之一。在体育课堂活动中,教师通过力量训练、耐力训练、爆发力训练、速度训练、灵活性训练等方式提高学生综合运动能力,为今后的运动技能训练奠定基础。以篮球运动为例,身体素质的强大能够增强运动员的抢球能力和对抗能力,并且,系统的速度训练、灵活性训练能够提高投篮准确性。

第二,体能训练是运动技能正常发挥的基础。在体育活动中,运动员所表现出来的各项运动技能都与身体活动能力相关,对运动效果产生直接影响,这也是体能素质基础性作用的集中体现。良好的体能素质是各种高难度运动技巧正常发挥的基础和关键,例如,篮球明星的后仰跳投,得益于其超强的弹跳力和优秀的腰腹控制力。总之,对于运动技能而言,体能训练既是基础,也是关键。[2]

(三) 运动技能发展是体能训练的重要推动力

同样的,体能的发挥也离不开运动技能的发展,技能与体能具有不可分割性,发展运动技能为体能的发挥提供了平台。

1. 运动技能水平的高低会影响体能的发挥

在体育课堂中,学生对运动技巧的掌握程度、对运动技能的熟练程度等都会成为影响其体能发挥的因素。以短跑运动为例,学生的身体爆发力会影响其短跑技巧的使用,通常情况下,较高的技能水平能发挥出较高的体能水准。

2. **运动技能的发展对于全面体能的提升有重要作用**

不同运动所体现的运动技能是不同的,运动中的发力点、侧重点也有所不同,而在技能训练过程中,学生的各项能力也得到有效锻炼,对身体各部分机能产生不同程度的影响,从而提高身体综合素质。

总之,运动技能的发展与体能素质的提升是辩证统一、相辅相成、相互促进的平衡关系,体育教师在体育课堂教学中要尊重这种平衡关系,引导学生以良好的身体素质、健康的心理素质进行技能训练。

二、初中体育课堂教学中存在的问题

(一)打破了运动技能发展与体能训练之间的平衡关系

现阶段,受各种因素的制约,初中体育课堂教学仍存在不少问题,其中,最突出的问题是,部分体育教师未明确运动技能发展与体能训练之间的关系,在实际训练中容易忽视两者之间的平衡关系。具体体现在:

第一,过于看重运动技巧传授与运动技能锻炼对学生体育能力发展的重要性,一味地进行技能训练,忽视体能训练。以跑步运动为例,在体育课堂中,教师通常指导学生进行跑步练习,较少在跑步前训练学生的爆发力和耐力。

第二,过于看重体能训练的基础性作用,错误地认为只要拥有足够强大的体能素质,就能在体育运动中发挥较高水准。没有认识到运动技能发展与体能训练是辩证统一的关系,两者相互促进。

究其原因,主要是因为部分教师受自身专业素质的限制,体育教学理论知识相对匮乏,运动能力、体育教学水平等有待提升。

(二)体育课堂活动单一,学生运动积极性不高

据现状分析,许多初中体育课堂教学存在只重技术传授和技能锻炼,而忽略体育活动趣味性和游戏性的问题,导致部分学生对体育活动产生抵触心理。具体

问题如下:

第一,课堂教学内容或体育运动项目相对单一,主要以跑步、跳远、跳高、仰卧起坐等运动项目为主,趣味运动项目和个性化体育活动较少,体育课堂趣味性不强,无法满足所有学生的运动需求。

第二,多数学生缺乏积极参与的动力,对课堂活动抱有消极态度,无法真正参与到体育活动中。在体育课堂活动中,教师如何教,学生就怎样学,制约着学生主观能动性的发挥,抑制了体育教学在素质教育中的功能发挥。

第三,课堂教学形式化问题严重。受体育活动场所、器材等各方面因素的限制,部分学校或教师将体育教学局限在教室内。虽然预设学习的东西很多,但实际操作中并没有达到预期效果,教师过于重视训练效果,而忽视学生训练中身心诸方面的发展。

第四,运动技能的发展过于单一,主要集中为传统体育运动技能,重视球类运动(如篮球、足球),游泳、田径等其他运动项目较少涉及。[3]

第五,体能训练方式过于单一、传统。随着科学教育水平的不断提升,我国体育运动事业也在健康发展,涌现出许多科学的、先进的体能训练方式。但在初中体育课堂教学中,多数教师仍采用传统的体能训练方式,训练效果不佳。针对上述问题,初中体育教师应加强学习,提升自身认知水平,提高自身专业素质。

三、初中体育课堂运动技能发展与体能训练的平衡研究

为改善当前初中体育课堂教学中存在的种种问题,下文将重点论述以核心素养为导向的"四有课堂",通过灵活多样的教学模式,创新的教学策略,将提升学生身体素质作为主要任务,将运动技能训练与体能训练有机结合,让学生在学习体育技能的同时,通过快乐学练提升身体素质,促进学生全面发展。本文指出教师要提升认知,科学平衡运动技能发展与体能训练;密切关注学生发展,制定切实可行的运动技能提升方案;加强体能训练,夯实运动基础;拓展教学内容,创新体育活动,激发学生参与热情。[4]

（一）重视运动技能发展与体能训练之间的平衡关系（有的、有序）

在素质教育背景下，人们越来越重视学生体育能力的培养，而运动技能和体能素质是体育运动能力的集中体现，两者之间的关系是协调的、一致的。在初中体育课堂中，要想提高学生体育运动能力，就必须重视运动技能发展与体能训练之间的平衡关系。首先，合理利用运动技能训练与体能训练的相互关系。在体能训练的基础上发展运动技能，通过体能训练增强学生身体素质，为技能训练奠定坚实基础；在技能训练的同时锻炼体能素质，使学生的体能素养得到全面提升。其次，正视运动技能发展与体能训练的不同。无论从训练方式、训练重点，还是训练目的上看，两者都存在一定差异。因此，教师要结合实际情况制定不同的训练方案，选用不同的训练方法，坚持具体情况具体分析。[5]

（二）制定合理的运动技能提升方案（有的、有序）

初中学生运动技能的发展与提升离不开教师的指导与帮助，因此，为促进初中学生的全面发展，初中体育教师要制定合理完善的运动技能提升方案。

首先，教师要去观察学生、了解学生，结合初中学生的认知规律、运动特点，设计科学合理的体育教学方案。为此，教师要尽可能了解每个学生的运动基础和体能基础，使教学方案尽可能符合大部分学生的实际情况或运动需求。

其次，教师要密切关注学生的发展，不断调整体育教学方案，设计有针对性的体育活动，确保通过体育教学，促使所有学生向自身"最近发展区"稳步迈进。[6]以排球运动为例，教师在教授排球技巧时，应考虑本班学生的实际情况，结合学生的体能基础和运动技能掌握程度，通过温习旧知识的方式帮助学生调整学习状态，从而快速进入运动状态。在运动过程中，教师应引导学生调整手形，找到适合自己的手形，并回忆排球动作要领，进行垫球练习。当学生逐渐熟练后，教师应主动检查学生运动技能的掌握程度，并在原有基础上适当提升难度，提出合理的要求，如进行体侧双手垫球练习，帮助学生不断提升运动技能。

最后，转变传统的教育思想，将运动技能训练与体能训练有机结合，所选择的训练方式、设计的运动项目要遵循恰当、合理的基本原则，以学生身心和谐发展为本,确保教学内容具备较高的训练价值,推动学生体育运动技能的发展。[7]

(三)加强体能训练,夯实运动基础(有的、有序)

在体育训练中,体能训练是基础,也是关键,是学生各项运动技能形成的身体基础。因此,在初中体育课堂教学中,教师要加强体能训练,通过体能训练夯实学生运动基础,为之后的技巧练习奠定基础。

第一,通过不同形式的跑步,如慢跑、间歇跑、长跑等,锻炼学生的心肺功能,增强学生耐力和忍受力,从而提高其身体素质。当然,在训练过程中,教师应指导学生根据自身体能基础,选择最恰当的训练方式,并适当增减难度,做到科学训练。

第二,开展针对性的爆发力训练、协调性训练和灵活性训练,以提高学生综合能力,使学生在短跑、篮球等运动项目中展现较大的身体优势。

第三,定期进行俯卧撑训练,以锻炼学生的上肢和核心肌群,从而提高学生力量和耐力。在实际训练过程中,可根据学生情况适当增减俯卧撑数量,通过增减数量来控制难度,进而获得良好的训练效果。

第四,通过跳绳锻炼学生协调性,提高学生心肺功能。在实际教学中,跳绳是一种简单易行、低成本的训练方式,在体育器材不完善的情况下同样适用。

(四)拓展教学内容,创新体育活动(有趣)

在初中体育课堂中,教师要想提高学生运动热情,就必须转变教学理念,拓展教学内容,不断创新体育活动,增加体育活动趣味性。

1. 在体育活动中融入体育游戏

在体育活动中融入体育游戏可以为学生营造轻松、自由的运动环境。例如,在短跑课堂活动中,教师可设计"追拍跑游戏",前面的同学奋力奔跑,后面的同学努力追赶,被追上的同学应进行才艺表演,以提高活动趣味性,调动学生参与热情。[8]

2. 借助现代媒体、智能设备,创新教学模式

在体育课堂中,教师可通过多媒体向学生详细展示各项运动技能的动作要

领,为学生提供清晰的表象,加深学生认知,使学生在直观感知中快速掌握运动技巧,提升运动技能。还可在体育课堂中引入智能设备,利用虚拟现实(VR)或增强现实(AR)技术设计互动性强的游戏或活动,使体育课变得更加有趣,吸引学生的注意力。

3. 创设教学情境

通过创设有趣的故事情节或竞赛场景,能够吸引学生的注意力,激发他们的好奇心和探索欲。将枯燥的训练项目融入生动有趣的情境中,使学生在愉快的氛围中学习和锻炼。

(五)平衡体能训练与专项运动技能的发展对课堂效果的影响(有效)

在体育课堂中,平衡体能训练与专项运动技能的发展对于学生的全面发展至关重要。这种平衡不仅能够提高学生的身体素质,还能增强他们在特定运动项目中的表现。通过结合体能训练和专项技能训练,学生能够在多个方面得到提升,包括力量、速度、耐力、灵活性和专项运动技能。结合游戏和竞赛元素的体能训练可以使课堂更加有趣,激发学生的热情。

四、结束语

综上所述,在教学改革的大背景下,初中体育课堂也应顺应改革趋势,创新教学模式,构建以核心素养为导向的"四有课堂"。作为初中体育教师,要重视运动技能发展与体能训练之间的平衡关系,以体能训练为基础,发展学生的运动技能,推动学生核心素养的全面发展。

参考文献

[1] 孙延武,祁忠凤.浅谈初中体育教学模式的创新策略[J].学周刊,2022(24):175-177.

[2] 李冀莹.现代教育视域下初中体育课堂教学探究[J].冰雪体育创新研究,

2022(8):98-100.

[3] 丁燕.初中体育课程中提升学生身体素质的措施探究[J].读写算,2021(11):111-112.

[4] 潘永聪.培养初中生运动技能与运动习惯的对策[J].读写算,2020(29):108,110.

[5] 刘伙林.初中体育教学中加强学生核心素养策略研究[J].智力,2020(25):29-30.

[6] 张仲勇.简析初中体育教学中兴趣教学法的运用方式[J].科普童话,2020(27):35.

[7] 赵杰.初中体育教学中趣味化课堂的有效构建[J].文体用品与科技,2019(19):184-185.

[8] 刘勤.浅谈如何提高初中体育课堂教学的有效性[J].天津教育,2019(21):13,15.

学科融合背景下小学美术课堂教学创新研究

上海市浦东新区御桥小学　李小艺

一、小学美术实现多学科融合教学的重要性

（一）激发学生的学习兴趣

小学生活泼好动，情感丰富，不同的个体都有自己的兴趣和特点。多学科融合可以丰富课堂教学内容，使教学内容更具有针对性，可以适配不同学生的兴趣和特点，给予学生更多的选择空间，这样可以进一步满足不同学生的个性需求。在小学美术课堂中渗透和融入其他学科元素可以改变传统单一的教学方式，使课堂内容变得更加丰富，教学方法也会变得更加多样，这会整体提升课堂的趣味性，进而打造"有趣"的课堂，激发小学生学习美术和参与美术课堂的积极性，推动学生可持续发展，对构建高质量课堂具有重要的意义。同时，小学美术课堂实现多学科融合可以增加师生、生生之间的互动，不仅可以拉近师生之间的距离，还能增加学生之间的友谊，师生一起营造出轻松、欢乐的课堂氛围，这样的课堂环境一定会进一步激发学生的学习兴趣和积极性，有利于提高课堂效率，加速实现既定的教学目标。

（二）有利于教学方法的创新

多学科融合的教学方式与传统美术课堂教学模式有着很大的不同，教师需要不断扩展各类学科知识，改变传统的单一教学理念和教学方法。学科融合实现了教师教学方式的多样化，这就要求教师在教学过程中不再局限于本专业，而是去积极探索不同的教学模式，在课堂中融入更多的元素，例如将美术教学内容与语

文学科相结合,培养学生的审美能力,或是在美术课堂中融入数学学科内容,帮助学生更好地构图和设计,这也有利于培养学生的创新能力。在过去很长一段时间,小学美术教学内容相对单一,通过学科融合的全新方式可以丰富教学内容,提高教学质量和效率,进而打造"有序""有效"的课堂教学,这无疑体现了小学美术课堂教学的创新能力。此外,学科融合背景下,不仅教学方法实现了创新,而且教学目标、教学个性化设计等环节也加速了创新进程,教师教学变得更加有针对性,需要设计出满足学生个性化需求的方案,进而保证美术课堂教学的科学性,这些都有利于小学美术课堂教学的创新。

(三)提升学生的综合素养

传统美术课堂教学重点几乎全部落在了传授美术理论知识以及提高学生绘画技巧等方面,学科融合可以实现多学科的交叉渗透,培养学生各方面的能力,打造"有趣"的课堂教学,符合"四有课堂"具体要求。首先,对于学生而言,学科融合可以拓展他们的知识体系,开拓视野,从不同角度发现事物发展的规律,有助于其从不同的视角去分析问题和解决问题,这对于学生的发展将起到重要的作用。其次,学科融合可以提高学生的创新能力,通过不同学科内容的融入可以给予学生更多的灵感,这些灵感无论是用于美术创作上,还是应用于实践中都会发挥出巨大的作用,帮助学生找到问题的最优解,用更加高效的方式去思考问题、解决问题。总之,学科融合可以打破学科之间的壁垒,实现不同学科内容的有机结合,这不仅可以培养学生的美术能力,还可以进一步提升学生的创新能力、协作能力、思维能力等,提升学生的综合素养,为他们今后的发展打下良好的基础。

二、学科融合教学过程存在的显著问题

(一)对学科融合内核理解不到位

部分小学美术教师对于学科融合的理解还停留在表面上,在课堂教学过程中

将不同学科内容进行简单的叠加,而没有深挖不同学科之间的内在关联,因此导致美术课堂形式大于内容,无法达到提升学生综合素养的目标。学科融合并不是不同学科在知识内容上的堆积,而是着重在课堂上渗透和融入不同的学科元素,进而提高教学效率,提高学生多方面的能力。而目前,部分教师在开展学科融合教学过程中形式主义严重,为了落实关于学科融合的要求而无效地添加语文、音乐、科学等相关内容,但是这些内容并没有起到作用,使得美术教学变成了"四不像"。这种画蛇添足的学科融合方式不仅无法增加学生的学习兴趣,而且严重影响了教学效率,使得教学内容侧重点不突出,浪费了学生宝贵的时间,阻碍了学生的发展。

(二)学科融合教学方法过于单一

教学方式单一是制约学科高质量融合最为常见的问题。现阶段学科融合教学方法过于单一,主要表现在以下几个方面:一是小学美术教师缺乏多样化的教学手段,课堂主要采用"教师讲,学生听"的传统模式,忽视了学生的主体地位,在学科融合教学过程中没有增加师生、生生互动,讨论、表演等环节,致使课堂气氛沉闷,无法激发学生的学习兴趣和参与课堂的积极性。二是教师教学针对性不强,在学科融合教学过程中没有制定个性化的教学策略,这就导致部分学生的要求不能及时得到满足,所有的教学步骤、教学流程长期不变,学生无法在课堂上得到新鲜感,久而久之失去了对于美术课程的兴趣,阻碍了自身的良好发展。三是教师缺少对于信息技术的应用。信息技术可以很好地助力学科融合教学发展,为不同学科相互交叉渗透提供更多的可能性,小学美术教师不重视信息技术的应用势必会阻碍学科融合的高效发展。

(三)教师教学理念和能力有待提升

学科融合能够高质量地开展很大一部分取决于教师具有先进、卓越的教学理念和自身能力,从实际情况来看,大部分小学美术教师都是高校毕业,自身具备扎实的专业知识和能力,但是,学科融合对小学美术教师提出了更高的要求,需要他们具备更加丰富的知识储备的同时，能够将这些知识完美融入美术课堂中，帮助学生提高综合素养。现阶段，面对学科融合的全新要求，部分小学美术教师教学理念和自身能力表现出滞后的现象，产生这类问题的主要原因是部分教师缺乏终身学习的态度，不愿意学习更多学科的知识内容，因此难以找到学科融合的切入点，自身知识储备无法适应时代的发展。同时部分教师思想观念比较陈旧，没有意识到学科融合对于学生发展的重要性，在教学过程中不愿意改变，始终坚持传统的单一学科教学模式。

（四）缺少科学的学科融合评价机制

缺少科学的评价机制会导致教学管理者无法客观地评价教师开展学科融合教学的质量，这不仅会造成教学资源的浪费，而且也会造成学科融合教学质量和效率的下降。在实际工作中，很多学校并没有制定关于学科融合相关的评价机制，这也造成了教师对于学科融合缺少一定的重视程度。同时由于缺少评价机制也使得部分骨干教师开展学科融合教学工作的积极性受挫，自身的努力和学科融合教学成果没有得到应有的尊重，长此以往学科融合可能会出现无人问津的情况。

三、学科融合背景下小学美术"四有课堂"教学的全新路径

（一）以学生"有趣"为导向，挖掘学科融合契合点

都说"兴趣是最好的老师"，因此在学科融合的背景下，创新小学美术课堂教学必须坚持以学生兴趣为导向，发挥出"四有课堂"教学中"有趣"的核心作用，在美术课堂中融入更多他们比较感兴趣和热爱的元素，提升学生对于美术课堂的兴趣，激发他们参与学习的主观能动性，进而加速实现学科融合的教学目标，助力学生核心素养的提升。

一方面，可以在美术课堂中融入学生比较感兴趣的音乐元素。例如，在学习

《过年啦》一课时，教师可以根据教学主题内容为学生播放《新年好》音乐，这样可以营造出更贴近教学主题的氛围感，激发学生的想象力，让学生可以联想到过年时都见过什么样的年货，它们的形状和颜色都是什么，进而提升学生参与课堂的积极性，让学生可以长时间保持专注，提升美术课堂整体的教学效率。美术和音乐隶属不同种类的艺术门类，美术依靠视觉打动人心，音乐则是需要借助听觉触动心灵，这种"视觉＋听觉"的学科融合课堂教学方式一定会大幅度提升小学生的学习兴趣，进而提高教学质量，同时也实现了打造"四有课堂"的目标。

另一方面，在美术课堂中融入学生比较感兴趣的古诗词。优美的古诗词往往非常具有画面感，美术教师可以通过古诗词的渗透来让学生发挥想象力，根据古诗词意境去作画。美术教学中融合古诗词可以真正实现"诗中有画，画中有诗"的意境，为小学生发现美、感受美、创造美提供重要的支持。

（二）应用"有效"信息技术，丰富学科融合教学方法

信息技术正在改变人们的生活方式，同时也对各行各业的发展产生了巨大的影响。作为小学美术教师，要顺势而为，积极拥抱信息技术，以信息技术为主要抓手，丰富美术课堂教学，打造更为"有效""有的"的"四有课堂"。这样也可以进一步丰富学科融合的教学方法，加速实现学科融合的课堂教学目标。

例如，在学习《美丽的植物和动物》一课时，为了提升学生的学习兴趣，同时激发学生对于动植物的各种天马行空的想象力，教师可以在课前为大家搜集和整理各类视频、图片、动画等素材，并将这些与教学主题相关联的素材在课堂上进行播放，这样可以给予学生更多的灵感，让学生可以快速地联想到自己见过的最美丽的植物和动物。

现阶段，信息技术在课堂中的应用变得越发广泛，在学科融合背景下，作为小学美术教师，要认识到信息技术的重要性，通过信息技术将一些比较抽象、比较复杂的内容直观地呈现在小学生面前，这样可以避免小学生因年龄、社会阅历等造

成认知障碍问题,真正使教学变得简单易懂,提升课堂教学的有效性,减轻学生的压力,为他们提供一个轻松、快乐的美术课堂环境。

(三)重视专业知识,提升自身素养

学科融合教学并不是一件简单的事,不仅需要教师具备扎实的本专业知识,而且也需要教师拓展知识架构,不断丰富各类学科知识储备,积累教学经验,尤其是需要改变传统的教育教学理念,打造以核心素养为导向,构建有的、有序、有趣、有效的"四有课堂"教学,实现课堂教学方式的创新。

首先,作为教师,要树立终身学习的意识,改变传统的教学理念,提升自身的素质。在学科融合的背景下,教师要不断拓宽自身的知识面,改变单一的知识建构,多与其他学科教师交流沟通,不断探索各学科之间的契合点,为创新学科融合课堂教学方法提供更多的可能性。

其次,各学科教师之间要实现资源和信息的共享,通过彼此配合加速实现学科之间的深度融合。美术教师要积极参与,虚心向专家或学者请教,将学科融合过程中遇到的典型事例进行剖析,尽快找到解决学科融合难题的对策,实现学科融合的高质量发展。

(四)完善评价机制,提高"有的""有序"学科融合教学效率

在"四有课堂"理念下,小学美术课堂教学评价需要更加注重实效性和多元化。小学美术课堂要想实现学科深入融合的目标需要评价工作给予大力支持。科学的评价机制不仅可以提高教师对于学科融合的重视程度,提高学科融合教学效率,同时也可以通过对教师开展教学评价及时发现教师在开展学科融合过程中出现的问题,因此完善评价机制是十分必要的。首先,教师应采用多元化的评价方式,如过程性评价、同伴评价、自我评价等。这些评价方式可以全面记录学生的成长轨迹和学习成果,同时激发学生的学习积极性和自信心。其次,教师应注重评价的实效性,及时给予学生反馈和指导。在创作过程中,教师可以及时指出学生的不足之处,并给予改进建议。

再次，学校要建立学科融合评价机制，提升学科融合评价考核权重，将其作为教师年终考核的重要部分。这样一来所有教师都将重视学科融合，也能让部分骨干教师更加积极地投入学科融合的教研当中，不会因缺少评价机制而降低开展学科融合教学工作的积极性，这些教师自身的努力和学科融合教学成果会进一步得到尊重和重视。

除此之外，评价机制的内容也要更加丰富，可以将"立德树人"，提升学生核心素养，有的、有序、有趣、有效的"四有课堂"等多元内容作为考评内容。同时还可以增加学生对于教师的反向评价。小学美术课堂要坚持"人本"思想，学生作为美术课堂的第一主体，应该赋予他们更多的评价权利。通过增加学生对于教师关于学科融合教学过程和成果的评价，可以第一时间了解到课堂实际质量和效率，进一步了解教师开展学科融合教学过程中的不足之处，对于优化学科融合教学理念和方法将起到积极的作用。

四、结束语

综上所述，随着我国素质教育的不断推进，学科融合越来越受到社会各界的广泛关注。小学美术教师需要积极响应号召，改变传统的教学理念和方法，意识到学科融合教学对于学生发展的重要性，通过优化和创新学科融合教学方法激发学生对于美术学科的兴趣，打造有的、有序、有趣、有效的"四有课堂"，提升学生的综合素养。

参考文献

[1] 沈怡怡.学科融合下的小学美术课堂教学实践研究[J].小学生（下旬刊），2023(7):19-21.

[2] 顾勇.小学美术课堂教学与科学学科的有效融合[J].新课程（教研版），2021(48):217.

[3] 潘雪焕.多学科融合的小学美术教学实践——以《魅力中国结》美术校本

课程为例[J].少儿美术,2022(11):41-43.

[4] 高萍萍.学科融合背景下中小学美术课程综合探索课型研究[J].文学教育(中),2017(2):168.

[5] 陈玉玉.STEAM教育环境下的小学美术跨学科融合探究[J].陕西教育(教学版),2019(Z1):16.

第二部分
"四有"：课堂教学实践带来的启迪

好的"设计",只是成功的一半。真正灵动的课堂,不会按照"预设的轨道"运行。

过去,人们比较关注的是教师的"预设—达成"是否流畅,而对"学生"的"预期—成长"是否有效,关注相对较少。因此,如果教师的设计未能与学生"预期"有效链接,未必引起关注。有时,按"教学设计"执行,会出现各种"小插曲",更是对教师的一种考验。

"四有课堂",不仅强调"学情"对一节"好课"的重要性,而且注意到"演奏"过程中,作为"指挥"的教师可采用的"策略"或"建议",从而为这首"和谐交响曲"的成功提供了保障。

我们注意到,教师们对此深有领悟、积极实践、认真总结。这里所收集的10篇案例,可以说是北蔡学区不同学段、不同学科的教师们,数以百计的案例中遴选出来的一部分,可谓"沧海一粟"。我们更希望这些案例带有启发性,引出更多的"四有课堂"教学实践的好案例,从而全面提升课堂教学质量。

小学语文高年级"四有课堂"教学的探究

——以五年级上册《猎人海力布》教学为例

上海市浦东新区莲溪小学　沈宋璎

一、探究背景

（一）课程改革的需求

《义务教育语文课程标准（2022年版）》在"课程内容"部分提出："义务教育语文课程内容主要以学习任务群组织和呈现。"文学阅读与创意表达任务群第三学段"学习内容"部分提出："能够复述印象深刻的故事情节，积累多样的情感体验，学习联想与想象，尝试富有创意地表达。"

（二）问题解决的需求

审视当前小学语文的课堂教学，与课程标准仍有一定距离。主要问题表现在：学习任务群中各任务间的关联性不强，情境性和实践性不强，导致课堂教学的有效性难以提高。

二、"四有课堂"教学的实践

鉴于以上问题，结合上海市北蔡中学提出的以核心素养为导向，构建有的、有序、有趣、有效的"四有课堂"的教学理念，现以语文学科五年级上册《猎人海力布》一课为例，探究如何将"四有"渗透于日常教学。

(一) 明确目标，分解任务

语文教材采用"人文主题"和"语文要素"双线组织单元课程内容。其中，语文要素是指语文训练的基本要素，具体包含必备的语文知识、基本的语文能力、适当的学习方法和良好的学习习惯等。《猎人海力布》是教材第三单元的第一篇精读课文，本单元的语文要素为"了解课文内容，创造性地复述故事"。为了遵循课标精神，尊重教学实际，勾连读写技能，用好统编教材，将语文素养的提升落到实处，应当先分析学情，分解任务。

1. 学情分析

关于"复述"，训练序列如下表所示：

册序	单元	单元语文要素
三下	第八单元	了解故事的主要内容，详细复述课文
四上	第八单元	了解故事情节，简要复述课文
五上	第三单元	了解课文内容，创造性地复述课文

从上表中可知，学生在以往的语文学习经历中，已了解"复述"的意思，即"用自己的话讲清楚课文的内容"。关于"复述"，教材根据学生的身心发展规律，设计了螺旋上升的学习内容。具体地说，学生在三年级，学过借助一定的方法去梳理故事情节，并关注课文中的重要情节、人物表现和关键词句，用自己的语言尽可能详细地讲述故事内容。四年级则需要运用表格、提纲、结构图、思维导图和示意图等学过的方法梳理故事情节，在概括把握故事要点的基础上，用简明扼要的话复述课文内容。而本单元则是在"详细复述"和"简要复述"的基础上，提出进一步的要求，旨在让学生把故事讲得更生动，更有吸引力，发展创造性思维，锻炼学生"创造性复述"的能力。

2. 任务分解

为了提升学生创造性复述的能力，需要通过一系列相互关联的任务去有序推进落实，即设计相应的学习任务群。根据学生的阶段思维和认知发展水平的特点，可以将本课的核心任务"创造性地复述故事内容"分解为三个序列任务，分别是梳理内容，详细复述；学习方法，创造复述；迁移方法，练习复述。

(二)依据任务,课堂实践

1. 以旧带新,让课堂更有序

课文的篇幅较长,需要学生运用之前所学的知识,快速浏览课文,并借助导图梳理课文的故事情节后进行详细复述。在此基础上,学生才能进行创造性复述。

任务一:梳理内容,详细复述

> (1) 提炼内容要点
>
> 师:用较快速度默读课文,交流哪些内容是必须说清楚的。
>
> 生1:海力布热心帮助别人必须说清楚。
>
> 生2:海力布救白蛇后得到宝石的事和宝石的禁忌必须说清楚。
>
> 生3:灾难降临时,海力布劝乡亲们搬家并说出真相必须说清楚。
>
> 生4:海力布为了救乡亲变成石头的经过是必须说清楚的。
>
> 师:你们抓住了关键信息。这些内容之间有着紧密的联系,它们让情节更加曲折,让故事更加吸引人。这些内容主要是围绕哪几件事来写的呢?
>
> 生1:救白蛇得宝石。
>
> 生2:救乡亲变石头。
>
> (2) 回顾复述课文的方法
>
> ① 借助思维导图、示意图、表格和板书等梳理课文内容。
>
> ② 按照一定顺序进行复述。
>
> ③ 人物对话从直接引语改为间接引语。
>
> (3) 学生借助板书,按顺序复述课文内容

2. 创设情境,让课堂更有趣

《义务教育语文课程标准(2022年版)》在"课程目标"部分指出:"义务教育语文课程培养的核心素养,是学生在积极的语文实践活动中积累、建构并在真实的语言运用情境中表现出来的,是文化自信和语言运用、思维能力、审美创造的综合体现。"创造性复述故事是本课的重难点。教师应帮助学生发展创造性思维,掌握创造

性复述的具体方法,并迁移运用于真实的语言情境中,将故事讲得更生动,更有吸引力,真正体现语文学科的育人价值。

任务二:学习方法,创造复述

> (1) 学习创造性复述的方法
>
> 师:用海力布的口吻复述劝说乡亲们搬家的过程中要注意什么?
>
> 预设:"海力布"要改成"我",海力布口中的"大家"要改成"乡亲们"。
>
> 师:创造性复述的时候要改变人称。(板书:改变人称)那乡亲们的心理活动应该怎样复述呢?
>
> 生:可以加入乡亲们的语言、动作和神态描写。
>
> 师:创造性复述的时候可以加入细节描写。(补充细节)还有哪些地方可以补充细节?
>
> 生:可以把海力布心里怎么想的说清楚。
>
> 师:以海力布的口吻进行复述时,要对他的心理活动进行更具体的描写。
>
> (板书:描写心理)
>
> (2) 运用以上方法进行创造性复述练习

学生学习了创造性复述的具体方法后,教师应创设真实的生活情境,让学生尝试迁移运用。

任务三:迁移方法,练习复述

> (1) 真实情境,创造复述
>
> ① 师:今天我们要举办"民间故事会",你们都是小小传讲员。谁先来讲讲《猎人海力布》的故事?其他同学要借助评价标准,说说他能拿几颗星。
>
> 出示:创造性复述评价标准。
>
> | 评价标准 | 自评 | 互评 | 师评 |
> | --- | --- | --- | --- |
> | 1. 按故事发展的先后顺序,把故事说清楚。 | | | |
> | 2. 能够转换人称,完整讲述故事内容。 | | | |

评价标准	自评	互评	师评
3. 合理想象，通过增加故事情节、补充人物细节等方法将故事讲生动。			
4. 自信大方地用恰当的语气和语调进行讲述。			
评价说明：学生每达到一项标准可得一颗星。			

(续表)

生：从前有一个猎人，名叫海力布，他热心助人，大家都非常尊敬他。有一天，海力布打猎时看见一只老鹰抓住一条小白蛇，他急忙救下了小白蛇。小白蛇告诉海力布，她是龙王的女儿。为了感谢海力布的救命之恩，小白蛇说她家有许多珍宝可以送给海力布。小白蛇还告诉他，龙王嘴里含着一颗宝石，谁含着那颗宝石，就能听懂各种动物说的话。不过动物说的话只能他自己知道，如果对别人说了，他就会变成一块石头。海力布有了宝石，打猎方便极了，从此分给大家的猎物就更多了。这样过了几年，有一天，海力布正在深山打猎，忽然，他听到有一只鸟说今天晚上这里的大山要崩塌，洪水要淹没大地。海力布听了这句话，急忙跑回去对乡亲们说，这个地方不能住了，赶快搬家吧！大家都很奇怪。这时，一位老人说，要搬家总得知道原因啊！海力布想了一会儿，就把怎样得到宝石，怎样听见动物说话的事都告诉了乡亲们。海力布刚说完，就变成了石头。乡亲们都很后悔，于是就搬家了。半夜里只听一声巨响，大山崩塌了，洪水淹没了大地。人们世世代代纪念着海力布。

② 学生自评及互评。

③ 师：你们说得很不错，他能按照事情发展的先后顺序，把故事说清楚；注意到了人称的转换；在适当的地方加入了合理的想象，让故事情节更丰富；在讲述的时候，声音响亮，抑扬顿挫，十分吸引人。老师也给他四颗星，他真是个出色的民间故事传讲员。

（2）创造性讲述课外的民间故事

① 师：你们已经能将书本上的故事讲得绘声绘色了。现在谁能来讲一讲课外的民间故事呢？其他同学也要根据这个评价表给他打星。最后我们还要选出班级最佳民间故事传讲员，并给他颁发获奖证书。

> ② 传讲员们根据课前准备的民间故事,在课堂上进行创造性讲述。
> ③ 学生自评及互评。
> ④ 课堂评选及颁奖。

三、实践与反思

本次围绕"四有课堂"进行的课堂实践探究,旨在强化课堂主阵地作用,切实提高课堂教学质量。现将实践情况从四方面进行总结。

(一) 有的

"有的"意为有目的,是教学中最重要的环节。根据对教材内容的分析,结合本单元语文要素,再考虑到学生复述能力发展的阶段性特点,我进行了以培养"创造性复述"能力为核心任务的单元教学设计,通过单元教学引领单课教学。旨在此过程中,立足核心素养,合理利用教材,围绕核心任务设计教学,并将其分解为三个子任务,要求学生快速阅读课文,抓住故事关键情节和线索,把握故事主要情节;按照一定的顺序进行复述,提炼内容要点,不遗漏重要情节;通过改变人称、调整内容、丰富细节等方法进行创造性复述。指导学生在完成学习任务的过程中,迁移运用课内所学到的知识、方法和技能,让整堂课更有目标,更有方向。

(二) 有序

"有序"在本堂课的教学设计和课堂教学过程中都有所体现。在教学设计的过程中,我深入分析学情,了解学生对复述的掌握情况,在此基础上设计本堂课需要达成的目标。明确目标后,设计了三个循序渐进的学习子任务,以提高学生"创造性复述"的能力。

在课堂教学中,我先让学生回顾之前所学的详细复述和简要复述的方法,在此基础上提出创造性复述的新要求。借助文本帮助学生归纳总结创造性复述的具体方法后再进行创造性复述的训练,真正做到了由扶到放。

(三) 有趣

在本课的教学中,我先让学生当一次海力布,用海力布的口吻复述劝说乡亲们搬家的部分,学生们都表现出很高的积极性,并在此过程中帮助学生学习创造性复述的方法,学生也就更容易接受新的知识。

教师们可以发现,每当提及学生熟悉的生活场景时,学生们往往会表现出很强的表达欲望。因此,将学生熟悉的场景作为学生学习的情境,引导学生运用所学的知识、方法和技能进行表达,就能激发小学生浓厚的学习兴趣。因此,我创设了开展"民间故事会"的情境,通过让学生迁移运用在课内学到的创造性复述的方法来讲述课外民间故事,作为学习的成果展示。借助"创造性复述的评价标准"对学生的表达进行评价,最后评选出班级最佳民间故事传讲员,并颁发获奖证书,让课堂学习变得更加有趣。

(四) 有效

课堂的有效性体现在教学目标的达成,本堂课的目标是让学生能在真实情境中运用课堂上学到的复述方法。在本课的实践中,大部分学生都积极参与了民间故事的传讲,也能运用自己的语言创造性复述民间故事,并适当丰富故事的情节,配上相应的动作和表情,把故事讲生动,讲得有吸引力。但由于课堂时间有限,无法让每个学生都有讲述的机会。因此,我调整了展示要求,让学生以小组为单位讲述一个完整的故事,每个学生讲述故事中的一部分内容,组内其他学生可以及时提出修改意见。这不仅让每个学生都有了表达的机会,也培养了学生间的团队协作能力。这样一来,教师就能关注到每个学生,让他们在课堂上都有收获,从而提高整堂课的效率。

"四有课堂"的教学实践以提高学生学习效率为出发点,达到优化课堂教学,推动课堂教学转型的效果,并提高了学生的核心素养,将语文学科的育人价值落到了实处。

基于"四有课堂"教学模式优化学生过程性学习体验

——以语文二年级下册《沙滩上的童话》为例

上海市浦东新区育童小学　张　旭

一、案例背景

语文学习任务群教学强调以学生为主体的过程性体验,学生作为学习的主体,应以积极的态度参与语言实践活动,积累语言经验,提高语言品质,从而提升义务教育阶段语文课程应培养的核心素养。如何优化学生过程性学习体验,改变知识表面化、惰性化的状况,让学习过程成果化、可视化,是一个值得思考与实践的课题。

我以《沙滩上的童话》一文为例,阐述如何以激发学生的"好奇心、求知欲、创造力"为抓手,构建有的、有序、有趣、有效的"四有课堂"教学,从而实现教与学的认同感,形成有良性师生互动和和谐师生关系的课堂氛围,促进学生积极学习心理品质的发展,优化学生过程性学习体验,促进学习真实、有效地发生。

二、案例描述

《沙滩上的童话》是语文二年级下册第四单元中的第 3 篇课文。根据学习任务群的定位和要求,本单元重在引导学生在文学阅读中体会童真童趣,感受多姿多彩的生活,在创意表达中获得个性化的审美体验。本文描述了一群孩子在海边的沙滩上垒城堡、编童话的情景,展现了孩子们纯真的童心、快乐的生活。全文共 21 个自然段:第 1 自然段是总起句,也是课文的中心句,点明"海边的沙滩是我们的快乐天地";第2—21自然段具体写孩子们的游戏过程——垒城堡、编童话。文中孩子们编织的童话层次清晰：公主被困（起因）——攻打城堡（经过）——找到公主（结果）。

二年级学生对想象类文本的学习兴趣很浓厚。本文的教学重点是：能认读本课识字表中的生字词语，会写写字表中的字。为了能有效落实第二学段的要求——在真实的语言运用情境中独立识字与写字，初步梳理常用汉字形、音、义之间的联系，我引导学生以采取游戏学习策略为主，通过"堆城堡""我是小老师""开火车"等游戏活动，自主识字，继续发展独立识字的能力。本文的教学难点是：展开想象，根据提示，能用上提供的词语编故事。经过本单元的学习后，学生能根据材料编写一段对话，但编写一个完整的故事对大部分学生而言还是颇有难度的。因此，我引导学生采取以下学习策略来突破难点：

（1）思维可视化策略。二年级学生处于形象思维阶段，还未形成抽象思维。通过把"童话要素"用故事结构表的方式整理呈现出来，实现思维的可视化，可以帮助学生对自己散点式的发现进行结构化的整理。

（2）语言实践策略。学生在厘清童话要素的基础上，根据要求创编童话故事，将从课文中习得的创编方式迁移运用到小组童话故事创编的语言实践活动中去。

（3）多元评价策略。通过小组合作编童话中的自我表现评价、"故事会"的听众评价卡、班级中"童话故事汇"的展示等，实现多元评价，帮助学生积累成就感，激发学生合作创编故事与表达的兴趣。

在"四有课堂"教学模式的引领下，我基于学情研读文本，充分备课，从而引导学生有针对性地学习，让课堂变得更为有目的、有目标、有方向，提升了教学质量。

三、案例分析

（一）关注主体情境，促进同化生成

《义务教育语文课程标准（2022年版）》指出，"创设情境，应建立语文学习、社会生活和学生经验之间的关联，符合学生认知水平"。教师要关注学习主体自身已有知识经验的情境（即"主体情境"），要注重激活学生已有的知识经验，使学生新学的知识与原有知识之间相互作用，促进其将新的学习内容同化到已有知识经验之中。

【片段一】在理解"插"这个动词时，小部分学生用手部动作来表示"插"，无法用清晰的语言来表述。有的学生说："'插'就是把干树枝放进沙子里。"在教师展示了沙子的质地、创设了沙滩嬉戏的情境后，学生的答案丰富起来。有的说："我觉得'戳'比'放'更适合解释'插'，因为干树枝很细，而沙滩上本来没有洞，是被干树枝戳出洞来的。"有的说："我认为'扎'更好，小朋友插干树枝的时候肯定很激动，动作很快、很用力！"……

在片段一中，"沙滩嬉戏"这一"生活情境"，与学生"主体情境"融合，发散了学生的思维，依托双重情境化策略，学生学会将知识进行迁移运用，体现学生的主体地位。学生能按第二学段要求"初步建立汉字与生活中事物、行为的联系"，因为学生已进入"沙滩嬉戏"这一生活情境，所以在理解"插"时，有部分学生会先做往沙子里"插"干树枝的动作，再通过已有的生活经验，去用"放""扎""戳"来理解"插"。

【片段二】在理解文中孩子的人物形象时，教师用图片对比了原本气势恢宏的城堡与爬满暗绿色藤蔓的阴森魔窟，再让学生说说看到对比图的想法。大部分学生表达了"魔窟很可怕，不想接近魔窟"的想法，还有部分学生表示愤怒，因为魔王把孩子们亲手建造的城堡变成了魔窟。此时，教师创设"我是小勇士"的情境，再询问学生的想法。有的学生说："虽然我很害怕，但是我更担心公主，想快点救出她。"有的学生说："我想快点打倒凶狠的魔王，他太霸道了！"……

在片段二中，我借助图片创设了"魔窟"的文学体验情境，让学生直观感受"魔窟"的可怕。学生能在主体情境中联系自身感受，表达看到魔窟想逃跑的心情；再创设"我是小勇士"的代入式情境，学生能代入勇士的角色，表达面对魔窟虽然恐惧不安但仍想救出公主的想法，切实体会"这是一群勇敢、团结的孩子"。

良好的情境具有真实性，学生有真实的角色感，能完成体验真实的学习过程。在教学中，我注重选择合宜的情境类型，并把不同类型情境加以融合，引导学生主动探索发现，从不同角度思考问题，挖掘学生的创意表达。在本课结束时，学生能通过不同情境，从多个角度来评价课文中这群孩子的形象。

（二）采取图像化策略，激发学习兴趣

二年级学生大部分处于形象思维阶段，为了营造愉悦、安全的课堂心理环境，建立支持、接纳和友好的氛围，我采取了图像化策略对学生进行辅助，提供"手绘板贴"和"童话故事结构表"这两样学习工具来突破本课重点，把学习的自主权交给学生，尊重学生的心理体验。

语文学科学习工具的主要作用是支持认知过程和辅助获取直接经验。《小学语文新版课程标准解析与教学指导（2022年版）》一书中指出："实践研究表明，利用图像、图案、图式，能有效帮助学生建立学习内容之间的关联，提高学习效率。"

【片段三】在用表示顺序的词来说清垒城堡的过程中，教师先请学生在文中圈画出垒城堡的关键动作，再让同桌合作：一人读文本内容，一人想象垒城堡的过程并做动作，随后用表示顺序的词来说清他们是怎样垒城堡的。最后请一对同桌在全班交流：一人说，一人按对方说的顺序用板贴来搭建城堡。在这个学习活动结束后，学生能这样评价文中的孩子们："这是一群快乐的孩子，因为和伙伴一起垒城堡很有趣。""这是一群想象力丰富的孩子，因为他们把干树枝想象成大树。"……

在片段三中，学生通过先找动词短语，再用表示先后顺序的词联结，然后动手"垒城堡"，最后上台利用贴"手绘板贴"展示交流，实现思维的可视化。通过环环相扣的活动体验，学生切实了解了"垒城堡"的过程，有效达成了本课时的教学重点。这个环节的设计，是我根据课堂教学试教中"教"与"学"的实际情况，进行调整、优化的。在交流展示的过程中，学生对教师手绘的城堡、围墙、树枝十分好奇，兴趣浓厚，举手人数超70%，语言的条理性与完整性也比在试教时只提供了动词短语让学生说清垒城堡过程的效果显著。

图像化策略具有描述想象与提炼重要文本、建立新的概念联结的功能。"手绘板贴"体现了具象化的知识心理表征形式，借助文字生成图像、建构画面。而

"童话故事结构表"是抽象化的图像化策略,指从更具体的语言文字中,抽出共同的或本质的属性,形成概念或认识。在作业设计中,学生通过把"童话要素"用故事结构表的方式整理呈现出来,实现思维的可视化,对自己散点式的发现进行了结构化的整理,知道了童话故事需要有"时间、地点、人物、起因、经过、结果"。在第二课时中,学生在此基础上,填写小组创编的"童话故事结构表",再将习得的创编方式迁移运用到小组童话故事创编的语言实践活动中去,为达成本课的教学难点作铺垫。

(三)形成学习路径,发展语用能力

学生在具体的阅读鉴赏、表达交流场景中面对新鲜的语言材料、语言现象,需要对其特点做出判断进而选择合理的应对策略。在这种情境下,停留在记忆层面的语言运用规律难以发挥作用,发挥作用的是学生曾经的梳理探究经历,以及这种经历帮助他们形成的思考分析路径。

本文的教学难点是"展开想象,根据提示,能用上提供的词语编故事"。所以在第一课时中,我引领学生体验、运用语文学习的基本思想方法,积累语言材料——发现语言现象——探究语言运用规律,启发学生思考如何学习,激发学生求知欲,形成学习路径,为小组合作创编童话打下基础。

【片段四】在教学"商量""反驳""赞赏"这些词语时,教师引导:"要想从魔窟中救出公主,可不容易。我们得在一起——"学生回答:"商量办法!"教师追问:"那我们是怎样商量办法的呢?"学生阅读文本。教师提问:"第一种方法是什么?"学生回答:"驾驶飞机去轰炸城堡。"教师提问:"其他小伙伴同意他吗?"学生回答:"不同意,因为那时候还没有飞机。""句子里还用了'反驳'这个词语来表示不同意。"教师小结:"反驳就是说出自己的理由来,否定别人的意见。谁能读出反驳的语气?"学生进行多形式朗读后,教师提问:"那第二种方法是什么呀?"学生回答:"挖地道,从地下装上火药,把城堡炸平。"教师提问:"你们同意这个方法吗?"学生表示同意。教师创设语言训练环节:"文中用的不是同意而是'赞赏'。如果你的同桌就是想出这个好办法的伙伴,你会怎样赞赏他?"有的学生说:"这个办法真不

错,我想试试。"有的学生说:"你的这个办法我没有想到,我很佩服你!"还有学生一边向同桌伸出大拇指,一边说:"我想给我的同桌点赞!"教师总结:"像这样赞同别人的方法并且表扬别人,就是赞赏。除了补充,我们也可以商量着编织童话。如果你觉得伙伴的方法不合适,我们可以——(学生回答:反驳),如果方法合适,我们可以——(学生回答:赞赏)。这些小伙伴在一起编织童话的时候,虽然观点不一样,但商量的过程是很友好的。这一点其实不容易做到,我们要向他们学习。"

在片段四中,学生通过自主学习、多形式朗读文本,收集、分类了"商量""反驳""赞赏"的相关语言材料,发现、分析文本中的语言现象并加以实践拓展,如如何赞赏同伴。最后提炼、概括出语言规律:组员一起友好地讨论问题就是商量;说出自己的理由来,否定别人的意见就是反驳;赞同别人的方法并且表扬别人就是赞赏等。相信在之后遇到小组编织童话的应用场景时,学生更有可能积累语言运用经验,达成良好的语言表达效果。

通过本课的实践探索,我发现:核心素养为纲的语文教学需要为学生提供自主学习的资源、场所,学校不再只是信息传递中心,而是更多地发挥着人际交往中心的作用。教师要基于童心,以核心素养为导向,打造愉悦、和谐、安全、公平的课堂心理环境,依托自主、合作、探究的学习环境,构建有的、有序、有趣、有效的"四有课堂",优化学生过程性学习体验,促进学生知识建构、能力发展和素养提高。

构建跨学科下的"四有课堂"

——以语文三年级下册《肥皂泡》为例

上海市浦东新区御桥小学　顾芸婷

在自媒体发达的现代，学生获取信息、娱乐的方式得到了极大的开发，给学生带来了不可忽视的巨大视觉冲击。而传统的课堂以教师的传授为主，学生则需要集中注意力，跟随教师的思路去学习、思考，这十分考验学生的专注力。枯燥无趣还需要投入大量的精力，在这个几乎娱乐至死的时代，学习成了学生们生活中痛苦的主要来源。

处于这个碎片化时代的学生们，早已不再愿意"白费心思"。通过一部手机，来自五湖四海的有识之士就能通过文字、视频等各种形式进行文化学识的输出。相较于自古以来的求学难，知识在此刻就像是雨后树林中的野蘑菇，采摘起来格外的轻松。碎片化的学习更是让学生与家长都吃到了时代的红利。

只是这样的轻松背后也藏着不少危险。学生获取知识太容易了，一个复杂的思考题，只需要简单搜索就能得到详尽的答案；课前的预习，对文章的思考，只要翻开手机便唾手可得；面对传统的教学模式，学生们对于问题早已了然于胸，无须过多地思考，便能得出近乎完美的答案。师生对答如流，课堂成效斐然。

只是，这样一个看似很完美的氛围中，缺少的是学生的思考，缺乏的是师生间的思维火花的碰撞。想要改变这样的现状，教师就要致力于改变固有的传统上课模式，以核心素养为导向构建有的、有序、有趣、有效的"四有课堂"教学模式，提升课堂教学效能以及教师的专业素养，以此激发学生主动思考的热情。

本文即以语文三年级下册《肥皂泡》为例，作简要阐述。

一、建设"有的"的课堂

"有的"就是有目的、有目标,它是课堂教学的灵魂所在。一节有目标的课堂,不是仅仅教师有教学目标,更重要的是学生有学习目标。在传统课堂中,学生跟着教师课前的备课思路走,跟着教师预设的问题一步步学习,但是为何要学?到底在学什么?大多数的学生一无所知。所以这也导致了一个很普遍的问题:学不以致用。此前我一直好奇:明明在课堂中学习过了什么是比喻、拟人,为什么单独将这个知识点拿出来造句时,许多学生却十分的陌生呢?经过一段时间的观察,我发现学生对于知识的迁移运用的意识是非常薄弱的,他们不能在潜移默化下对所学知识进行再使用。故而在本课的学习中,我尝试性使用新的方式。

《肥皂泡》是著名作家冰心的作品,写的是她童年时代吹肥皂泡的经历。文笔清新自然,情感真挚淳朴。《肥皂泡》中有很多富含时代特色和地方特色的词语,对于学生来说,生活中并不常见,在理解句子时会遇到困难。而课文所在单元的单元语文要素是"运用多种方法理解难懂的句子",这是本篇课文的重难点所在。另一重难点则是借助课文中的关联词以及动词,理清吹肥皂泡的具体过程。

课前,在学生们预习前,我便将此次的课堂学习目标以预习单的方式告知了学生。为了减轻学生的学习负担,在预习单中,我罗列了此前在三年级上册第二单元学过的"运用多种方法理解难懂的词语"这个知识点,通过具体的实例帮助学生回顾相关方法,并引导学生进行进一步的升级:这些方法能够帮助我们理解难懂的句子,还能帮助我们理解什么呢?接着出示一些较为容易理解的难句让学生进行尝试,最后将此链接到课后第二题——在题目中用醒目的符号将文中难句中难以理解的词语圈画出来。以此为基础,一方面降低学生的学习难度;另一方面,让学生进一步明确本篇课文的重难点是什么,该如何去学。当学生在预习时有了一定的意识,上课时遇到了这个知识点便更容易主动思考,参与到课堂环节之中。

此外针对本课的另一个重难点"借助课文中的连接词以及动词,理清吹肥皂泡的具体过程",我结合了美术学科,在预习单中加入了一些漫画环节。首先选择了一幅简单的漫画作品——将大象塞进冰箱,再提供将大象塞进冰箱的每一步的文字描述,请学生填写入框架:首先……然后……接着……加深学生们对于连接词的熟悉程度,引导学生明白连接词能够帮助我们区分动作的先后顺序。最后出示一段含有连接词的文字,鼓励学生尝试进行简笔画创作。

在此预习的基础上,学生已经大致了解了本篇课文所需要学习的知识点,并已经为上课做好了准备。课堂上再次遇到这个问题时,便不会因为畏难情绪而拒绝思考,也减少了学生为应付课堂提问对教材以及网络的过度运用。

二、建设有序的课堂

"有序"不仅是有秩序,更应是有逻辑,它是课堂教学的规范。在教育教学中,一个有序的课堂是保障学生学习效果的基础。一个有序的课堂能够使学生保持专注,积极参与课堂活动,从而达到最佳的学习状态。

学生对于和自己生活息息相关的内容更加感兴趣。一个积极的课堂氛围能够激发学生的学习热情,提高学习效果。故而我以游戏作为本课的导入环节,通过播放一段传统游戏的视频,将学生带入情境,接着请学生分享他们日常生活中玩过的游戏,带动他们的交流热情。

当然时间的合理安排是确保课堂有序的关键。在简单的交流之后,学生们的学习热情也上升不少,我便将学生们对游戏的热情引向课文中肥皂泡这个游戏。

接着通过自由朗读的方式,引导学生对课文内容做大概的了解,并对文章自然段进行概括和总结。在概括与总结时,对学生的表述不必有太高的要求,学生能用自己的话讲清楚段落的内容即可。激发学生参与课堂、思考的兴趣和热情,他们会更加积极地参与课堂活动,提升学习效果。

到此为止,课堂已经进入后半程,部分学生的注意力会不自觉地下降,所以,设计一些有趣的活动环节是一个能够再次获得学生关注度的有效手段。

我选择了制作肥皂泡过程这个自然段,提炼文中所学的动词,再次将连接词这个知识点呈现在课件上,引导学生通过借助文中的连接词和动词,结合教具,将制作肥皂泡的过程通过实践的方式展示出来。学生的热情空前地高涨,参与的意愿非常强烈。表演的学生十分高兴,锻炼了自己的表达能力和动手能力;作为观众的学生注意力也十分集中,不自觉地在座位上对台上展示的同学进行提示,并在展示结束后,在教师的引导下对展示环节提出自己的想法。在这样的环境中,学生能够更加自信地表达自己的想法,与他人进行有效的交流与合作。

三、建设有趣的课堂

"有趣"是课堂教学中师生间的一种相互吸引。传统的教学模式往往缺乏足够的趣味性和互动性,导致学生容易感到乏味和厌倦。为了激发学生的学习热情,提高课堂参与度,教师要构建一个有趣的课堂教学环节。

视觉是最直接、最直观的,也是吸引注意力的绝佳方式。多媒体能够直观地展示知识内容,提高教学效果。教师可以利用投影仪、电子白板等多媒体设备,将课程内容以图像、动画等形式呈现给学生。视觉多媒体展示能够激发学生的学习兴趣,提高课堂吸引力。

对于肥皂泡,学生是十分熟悉的,但对于肥皂泡的美,学生还缺乏一定的关注。在日常生活中,学生很难从多维度去仔细观察肥皂泡,所以对于课文中出现的"软悠悠""五色浮光"等词会出现一定程度的理解障碍。因此,在课件中,我特意加入了大量和肥皂泡有关的图片与视频,其中有大量形态各异的肥皂泡。从各个角度,以动静结合的方式,将肥皂泡在各个场合随风飘荡的美感展现在学生的面前。学生在这样的美中,感受到了作者笔下的肥皂泡的魅力,从视觉上感受到文中描写肥皂泡的词语的含义,在轻松愉快的氛围中进入学习状态。

当学生们感受到了肥皂泡的美的时候,也自然而然能和作者对肥皂泡的珍视产生共鸣。于是我引导学生进行大胆想象:若是你吹出了这样美丽的、带有神奇魔力的肥皂泡,你会希望这些肥皂泡有怎样的奇遇?或者,如果你就是这些肥皂泡,你会乘风去往何处?角色扮演是一种有效的学习方式,能够帮助学生深入理解知识,提高实践能力。当学生将自己代入肥皂泡的角色中,话匣子便打开了。

在这个阶段,我不对学生的想象进行结构上的要求,只鼓励学生大胆想象,并尝试用上各种能展现出美的形容词和同学们进行交流。当学生们将自己的想象描写到位后,再引导他们结合课文的结构进行练说。

为了验证艺术摄影的视觉效果对学生学习效果产生的影响,在这一环节的教学中,我选择了两个班级进行试教,一个先展示肥皂泡的图片与视频,再学习课文,另一个则是先学习课文内容,再展示影像资料用于辅助。试教完成后,可以很直观地发现,第一个班级的学生对于文中所描述的肥皂泡美丽的样子、出现的难词掌握得更加牢固、透彻,第二个班级的学生则在交流中表现出了更有趣、更天马行空的想象力。

有趣的课堂能够吸引学生、抓住他们的眼球。学生也一步步在实践中进行学习并巩固所学知识,学习难度降低的同时,学习兴趣也上升了,实现了在实践中体验学习的快乐。

四、建设有效的课堂

"有效"既是课堂的效能,更是师生共同建立起来的教与学的成就感与归属感。

在学生们学习完本课内容后,我利用探究课,结合本课内容和自然学科知识带学生们进行了一场肥皂泡的实验。通过运用不同的工具,鼓励学生利用课堂中所了解的吹肥皂泡的知识制作肥皂泡。

在吹肥皂泡的过程中,学生们吹出了各式各样的肥皂泡,有的很大,在空中晃晃悠悠地飘,没一会儿就破裂了;有的很小,一串串的,直直地往地上坠去;还有的大大小小;有的飞向天空;有的挂在吸管上;甚至有一两个学生怎么也吹不出一个泡泡。

但令我惊喜的是,不少学生能够结合课文中所学对其他同学进行点评,比如:吹得太重了、吹得太急了、粘在管子上要轻轻一提才能让泡泡在空中飘荡。肥皂泡在阳光下折射出五彩的光,不时引发学生的惊叹声,更有学生追随着飘走的泡泡在阳光下一路奔跑。

只可惜,天公不作美,探究课尚未结束,细雨便从天空中一丝丝落到我们的头上。当我略带遗憾地想组织学生返回教室时,却听到他们互相嚷嚷着:"母亲说下雨时节天气潮湿,肥皂泡不容易破裂!现在正好!""错啦!是冰心奶奶的母亲!"我也不禁和学生们一同笑了起来,在学生们的强烈要求下,我们决定沿着冰心奶奶的路,到廊子下吹肥皂泡,亲身体验冰心奶奶所体验过的童年的快乐。

学生们在制作肥皂泡时自然地用上了课文中所学的内容,并能结合所学提出适当的建议,在体验时更是将文字所描述的抽象的美具象化,又在这无边的具象化的美中回忆起课文的文字美。这样的体验是新鲜的,更是特别的。

学以致用,戏文结合,这正是我设计这堂课的初衷。

我从有的、有序、有趣、有效这四个维度出发,以"有趣"作为突破口,在教学设计、教学过程与方法、教学的达成度等方面,致力于提高学生的学习能力与学习兴趣,降低学习难度,也希望将文字的美印刻在学生的心中,使语文学习、语文课堂变得生动有趣。

核心素养导向下的"四有课堂"的实践探索
——以语文二年级下册大单元教学为例

上海市浦东新区御桥小学　卫佳煜

在社会的高速发展下,我们愈发重视对于学生能力的培养。而传统课堂的讲授式教学已经不适用于现在学生的需求了,所以我们以"核心素养"为重点,构建"四有课堂"的教学模式,不断探索和深化教学改革,力求实现课堂教学的全面优化。

一、"四有课堂"的内涵

以核心素养为导向构建有的、有序、有趣、有效的"四有课堂"教学模式,旨在提升课堂教学效能、激发学生的学习兴趣。

"有的"就是有目的、有目标,它是课堂教学的灵魂所在;"有序"不仅是有秩序,更应有逻辑,它是课堂教学的规范;"有趣"是课堂教学中师生间的一种相互吸引;"有效"既是课堂的效能,更是师生共同建立起来的教与学的成就感与归属感。

我从这四个维度出发,以核心素养为导向,设计了大单元的教学模式,围绕单元目标,将课文的学习与学生能力培养相结合,设计了环环相扣的学习活动,充分调动学生的兴趣。

二、"四有课堂"的实践

（一）"有的"的课堂

一堂课的所有环节与所教学的内容都是围绕着教学目标开展的,所以教师应更加注重课堂教学的目标设定与实现。我在课前备课环节深入剖析课程标准,结合学科的核心素养要求,准确把握教学重点、难点,并结合学生实际情况制定具有针对性的教学目标。对于每节课的教学,设立好明确的、符合核心素养的教学目标、学习目标、单元目标和课时目标。我在明确了核心素养在所教学段的主要要求后,又结合了核心素养与教学内容,从过程到结果、方法到表现效果,全方位设定教学目标。

语文教材二年级下册第四单元,以"童心"为主题,编排了《彩色的梦》《枫树上的喜鹊》《沙滩上的童话》《我是一只小虫子》4篇充满想象的课文。这些课文组合在一个单元之中,除了内容主题有很大的相关性,文本之间也有自己的逻辑,从童年彩色的梦,到经历过的一个个童年趣事,再到自己在不经意间编织有趣的童话故事,为学生感受童年生活快乐、展开想象的翅膀、感受生活的乐趣埋下了伏笔。"语文园地"中有关玩具名称的识字加油站、"写话"中借助词语按时间顺序把小动物们一天的经历写下来、"我爱阅读"中提供的《手影戏》,也都和童年的故事紧密相关。因此,我确定本单元的主题为"童心童趣",与教材所提供的课文和其他学习内容基本一致,可以整合单元主题内容,形成核心任务"编织有趣的童年",展开真实情境下的大单元的教学活动。

本单元的教学重点是"运用学到的词语把想象的内容写下来",旨在培养学生丰富的想象能力和语言运用能力。教材在4篇课文的课后练习及"语文园地"的相关栏目中都针对此安排了多角度、多层次的练习。《彩色的梦》要求学生展开想象,仿照课文相关段落把自己想画的内容写下来;《枫树上的喜鹊》引导学生根据提供的情景展开想象,借助课文的句式把自己想到的内容写下来;《沙滩上的童话》要求学生展开想象,运用学过的词语根据故事的开头编故事;"语文园地""字词句运用"栏目要求学生仿照提供的句式,借助泡泡中的提示展开想象,用"一会儿……一会儿……一会儿……"说句子;"写话"栏目引导学生看图发挥想象,借助词语按时间顺序写话。结合本单元的教学重点与每篇课文对应的教学目标,我设计了以下大单元教学任务:

(1)通过自主学习和合作探究相结合,小组内进行学习交流。能用自己的话说出《彩色的梦》中彩色铅笔画出的梦;能说出《枫树上的喜鹊》中"我"喜欢的是什么;能描述《沙滩上的童话》中"我"和小伙伴编的故事;能就《我是一只小虫子》中自己感兴趣的内容与同学交流。理解课文内容,能复述大意和自己感兴趣的情节,感受童心世界的美好,体会美好的想象力给人带来快乐,培养从小热爱生活、热爱自然的美好情感。

(2) 借助课后习题,仿照课文相关段落或语句进行写话,联系生活实际,发表自己的看法。学生能仿照课文中的诗歌小节,写出自己的彩色铅笔会画些什么;能根据情境展开想象,把想到的喜鹊一家的对话内容写下来;能根据提示,用上提供的词语续编沙滩上的童话故事;让学生对感兴趣的人物和事件有自己的感受与想法,并乐于与他人交流;对写话有兴趣,写出想象中的事物与故事,乐于运用阅读和生活中学到的词语。

(二)"有序"的课堂

在教学设计时,我们应注重知识体系的建构和知识点的串联,使教学内容呈现出清晰的逻辑线索。同时,还应关注课堂秩序的管理,确保教学活动的有序进行。这不仅有利于学生的知识吸收,还能培养学生们的逻辑思维能力和学习习惯。

我在大单元教学中,也注意到学生能力需要逐步推进与培养,学生的能力提升、教学任务的设计都需要遵照学生的年龄特点与基础水平。本单元的教学重点"运用学到的词语把想象的内容写下来",对于二年级的学生而言还属于比较有挑战性的一大难题。而在学生之前的学习中,语文课程中也安排过相关写作能力的培养,如二年级上册第七单元中出现了"展开想象,获得初步的情感体验"的教学重点,二年级下册第二单元的教学重点是"读句子,想象画面"。我在设计相关活动以及评价作业练习时,综合考虑了学生已有的写话水平以及之前所学习的知识基础,设计了有序的、环环相扣的教学环节。结合本单元中的四篇课文,先让学生根据图片想象画面,再根据句子中的具体描述想象画面,最后才让学生自行想象并把想到的内容描述出来。

对于学生写话能力的培养过程,做到了从易到难,一步步给学生以支架让学生更好地掌握。这样"有序"的课堂,使学生的能力得到有效培养,也让学生结合生活体验,在了解课文内容后,感受纯真快乐的童年生活;在理解课文的过程中,不断丰富想象能力,提升语言运用能力,逐渐产生热爱生活的情趣,真正达成单元教学目标。

(三)"有趣"的课堂

教师们可以通过创设生动有趣的教学情境、运用多样化的教学手段和方法,使课堂教学变得更加有趣和富有吸引力。同时还要关注学生的情感体验,让学生在轻松愉快的氛围中感受到学习的乐趣。在本单元的学习中,我设计了一系列有趣的活动环节来激发学生的兴趣,以打造"有趣"的课堂。

【案例1】活动一:画下七彩的梦

1. 我是小小朗读者

用问题引导学生理解课文与朗读。

(1)问题1:梦怎么说是一大把?

(2)问题2:"我"有哪些彩色的梦?它们在哪里?

(3)问题3:"我"的彩色铅笔在纸上"跳蹦",画了哪些景物,有哪些色彩呢?找到语句,正确流利地朗读。

"大块的草坪,绿了;大朵的野花,红了;大片的天空,蓝了",读出排比语气的渐强,想象画面的明丽色彩,从"大块""大朵""大片"感受孩子作画时的潇洒欢畅,读出语言的跳跃和作画的惬意。

2. 我是小小绘画家

(1)彩色的铅笔还画了什么?读读第三小节,用笔画一画。

(2)第四小节:想象"水果香""季节风""紫葡萄的叮咛"可能画的是什么?试着画一画。

活动中,以课文为载体,学生在理解与朗读中体会到了课文的"趣",再通过朗读积累的感受,用自己的话说出《彩色的梦》中彩色铅笔画出的梦,仿照第二小节或第三小节,把自己想画的内容写下来,并配上鲜活的画面。在评价活动中让学生进行仿写,依托课文这一支架,在检验学生的课堂学习情况的同时,也让学生能更好上手,激发学生对写话的兴趣,写自己想说的话,在写话中乐于运用阅读和生活中学到的词语。

【案例2】活动二:想象写话——我和喜鹊交谈

第一句:我看见喜鹊阿姨找了一条虫子回来,站在窝边。喜鹊弟弟一齐叫道:"鹊!鹊!鹊鹊鹊!"

我懂得,他们的意思是:"＿＿＿＿＿＿＿＿＿＿＿＿＿＿＿。"第二句:喜鹊阿姨把虫子送到喜鹊弟弟嘴里,叫起来:"鹊,鹊,鹊……"

我知道,她是在说:"＿＿＿＿＿＿＿＿＿＿＿＿＿＿＿。"

活动三:说说小虫子的故事

(1) 画面编故事("语文园地四"中写话部分)

① 小虫子、蚂蚁和蝴蝶是好朋友,它们经常在一起玩耍,可快乐啦!瞧,三个小伙伴又相聚了,认真观察画面:小虫子、蚂蚁和蝴蝶用鸡蛋壳做了哪些事情?

② 每一幅图的时间相同吗?

提示词:早上、过了一会儿、到了下午、天黑了。

我们可以按照时间顺序来,说说它们一天发生的事情。

③ 在早上它们把鸡蛋壳当成了跷跷板,你能根据画面展开想象,说说它们有趣的经历吗?

观察小虫子、小蚂蚁、小蝴蝶的动作、样子,并合理想象它们会说些什么。用"早上……"作为故事开头,先和同桌说一说。

(2) 指名交流,师生评价修改。

(3) 写一写:把第一幅图的内容写下来,开头空两格。

(4) 用同样的方法试着写写第二、三、四幅图的内容,把它们这一天的经历写下来。

这两个活动从学生感兴趣的事物展开学习任务,引导学生注意观察身边的小动物,用一颗童心感受小动物的特点、生活习性等。"我和喜鹊交谈"活动中,我抓住文中的省略号、课文插图等创设情境,让学生展开丰富的想象,走进小动物的世界,与喜鹊一家对话、与文本对话、与作者对话,培养学生的语言运用能力,落实本单元的教学重点。通过"说说小虫子的故事"让学生从课本中、生活中增长自然常识,感受虫子的内心世界,激发学生探索自然、探索生活的兴趣,并在练说和写话中学会运用字词句。

【案例3】活动四:想象编故事

1. 这群聪明的孩子不但垒起了一座美丽的城堡,而且还编了一个非常美丽的童话故事呢!听课文朗读,思考:孩子们编的童话故事的内容是什么?

(1) 交流"公主被抢"。

根据回答出示有关句子,指导读出魔王的可恶和孩子们气愤、焦急的心情。

"这里住着一个凶狠的魔王。""他抢去了美丽的公主!""你们快听,公主在城堡里哭呢!"

(2) 交流"攻打城堡"的经过——"我们"想了什么办法去救公主呢? 出示有关内容引读:"我们亲手建造的城堡成了……我们也成了……我们又在商量着……一个伙伴说……我说……我的方法得到了大家的赞赏。于是……我挖呀,终于……我把手……,就……"

(3) 商量计策、攻打城堡、欢庆胜利。

① 组内练习。

② 指名小组交流,简评。

2. 总结全文,想象说话。

(1) 齐读全文。

(2) 你在那金色的沙滩上垒了什么? 那里发生了什么事? 编一个童话故事。

在活动四中,我抓住"玩"这个字展开学习活动,带领学生感受"玩沙子",着重引导学生在玩中体会童年的快乐,让学生联系生活实际谈谈自己童年的生活趣事,并拓展故事进行想象创作。激发学生兴趣的同时,也辅以口语表达和写话,提升学生的语文综合素养。

在本次教学活动中,我不仅通过丰富多样的教学方法和手段,激发了学生的学习兴趣和好奇心,让他们在轻松、愉快的氛围中学习,还让学生在趣味的评价作业中训练语言组织能力与表达能力,在活动中感受到了学习的乐趣。

(四)"有效"的课堂

在完成本单元的一系列教学活动后,为检验学生是否达成"运用学到的词语把故事内容写下来"的教学目标,我设计了以下活动作业:

【案例4】结合本单元的学习,写写童年往事

沙滩上垒城堡、站在树下观鸟、夜晚玩手影……丰富多彩的儿童生活构成了天真无邪的童年。乐事、傻事、坏事,一桩桩、一件件,不断编织着属于我们自己的童年。

1. 写写画画

快去翻翻家里的相册,或问问自己的亲人,或打开自己的记忆闸门,找找自己童年难忘的事吧。试着选一件写下来,配上心情晴雨图,再与同伴分享交流吧。

2. 讲讲评评:给同伴讲讲自己"童年的往事",互相评一评

在作业展示课上,学生对于分享自身的童年故事非常感兴趣。教师在课前给了学生充分的时间去了解、去回忆,学生精心制作了故事小报,在课堂上非常自豪地向大家介绍着自己的童年故事。而同学间相互评价的方式,让学生基于评价标准给别人的分享打分,学生满是成就感。

这一系列课堂活动让学生在认知和情感上有所发展,使学生有收获、有提高、有进步,既有助于学生当前的发展,又关照到学生未来的可持续进步。"四有课堂"的设计,让学生在原有基础上逐步提升个人能力,让学生在玩中学,让语文课堂变得生动有趣。

课堂小插曲也能奏出华美乐章

——情感教学助力"四有课堂"

上海市绿川学校　赵金宇

长久以来,我在勉励学生努力学习时,会让他们以这些句子为座右铭——"书山有路勤为径,学海无涯苦作舟""读书破万卷,下笔如有神""宝剑锋从磨砺出,梅花香自苦寒来";会让他们以这些读书人为楷模——凿壁偷光的匡衡、囊萤映雪的车胤、"头悬梁"的孙敬、"锥刺股"的苏秦。学生们的耳朵尽管已经听出了茧子,但还是会欣然接受,一是因为教师的严格要求不容置疑;二是因为他们知道,学习就应该是这样:教师在课堂内讲授重点,学生做好笔记,再加上练习、复习,好成绩应该就在不远处。在语文教学中,我的教学目标明确、教学环节井然有序、教学效果不错,也在课堂上着力培养学生的语文核心素养。但是我的课堂吸引学生吗?师生之间的关系又如何?直到那次课堂小插曲的出现,我才意识到我的教学中还缺了一环。

一、始料未及的发问

我一直坚守着这样的教学模式:课堂上,我"严"字当头,注重对学生学习习惯的培养,课文朗读指导到位,背诵默写关注细节,考试答题讲究规范。学生也适应了我的教学模式。直到我讲授毛泽东的《纪念白求恩》这篇课文时,发生了一点变化。课堂上,我帮助学生理清了写作思路,挖掘了对比手法,引导学生感受了白求恩大夫的优秀品质,了解了叙议结合的写作手法,重点难点都一一落实。这时,班里的小邵同学提出了一个问题:"课文注释①显示——白求恩(1890—1939)。他牺牲时才49岁,这篇文章写于1939年,可课文中却说'白求恩同志是加拿大共产党员,五十多岁了',这是为什么?"我仔细一看,内心不禁一震,我之前怎么没有发现这个细节?这是我备课的盲区,我该如何回答?这可是从前的语文课堂上从未出现过的场景啊!学生们用诧异的眼神看着小邵,大家在下面窃窃私语,他们中的有些人可能也注意到了这个问题,但面对威严的老师,加之早已习惯被老师提问,便绝不会向我提问。难道是作者写错了?我有这样的怀疑,但不敢贸然回答。"这个问题不重要,与课文理解没有太大关系,不用纠结在这个问题上。"班级顿时安静下来了,但这一次,我的内心是虚的。

课后,我回到办公室,仔细翻阅了相关资料,请教了同备课组的教师,有年长的教师拿出上一版本的语文书给我看,当时的课文中有一个注释②是这样表述的:"五十多岁了——白求恩去世时尚不足五十岁。这样写,可能是作者误记或为行文方便。"其实这和我的猜测很相近,但由于当时没有可靠的证据,不敢给出明确的解释,只能胡乱搪塞。

无独有偶。我在讲授课文《小站》时,以一个导游的身份,带领学生"参观"了小站的红榜、小黑板、宣传画、喷水池、小假山、小树、小宝塔、杏树等景观,让他们感受到了这样的精心设计给旅客带来的温暖春意。在这堂课上,小邵同学又问出了几个问题:"老师,课后'阅读提示'说这是当时北方一个普通的铁路小站,可文章第三段却说'这是一个在北方山区的常见小站',是不是说当时北方的很多火车站都有这样精心的设计,给旅客带来温暖的春意?我从小站的黑板报和宣传画上还感受到小站工作人员关心着世界每天的变化,他们对小站精心的设计可以看出他们对生活的热爱,这样理解对不对?"他所抛出的这些问题,又完全出乎我的意料,让本以为备课充分的自己又一次感受到了局促。我只能在课堂上严肃且勉强地肯定他的提问,依旧无法做出更多的解释。

二、源自内心的怀疑

我开始反思:小邵在课堂上接二连三地提出一些让我尴尬的问题,是他的问题过于刁钻吗？还是他有意要让老师难堪？显然都不是。他的问题都是立足文本而产生的思考。我能从他的提问中感受到这个学生预习的充分以及对文本理解的深入。类似这样的事件还发生过多次，不仅出现在课堂上，还延伸到课下，他提问的范围甚至从语文延伸到了其他的学科。有时我还能勉强应付，但更多的时候，我没法给出明确的答案。

我从家长和班主任那里得到了更多关于小邵的信息：他的父母工作繁忙，无暇顾及他的学业，但小邵却和其他学生不一样，对电子产品不感兴趣，酷爱读书。每次开学一拿到新书，当天晚上就能把语文书翻完，对于老师布置的预习作业更是极为投入，查资料，做笔记，课文还没学，他的书上就已经做了多处笔记和批注。不仅如此，一到寒暑假，他就爱去图书馆，一泡就是一整天，各类书籍他都有所涉猎。我明白了，广泛的阅读和深入的思考是小邵能在课堂上提出疑问的基础。

班里像他这样的学生还有没有？据我所知不少学生对名著阅读很感兴趣，他们在阅读之后难道没有问题？会不会他们也有这样或那样的问题，而我之前严肃、封闭的教学方式遏制了他们的提问？使他们难以得到提高？我想到先前在学生读完名著做检测的时候，我总是会给出某些问题的所谓"标准答案"，并让他们牢记于心，这种教学方法应对考试也许管用一时，但这样做真的有利于学生语文学习的长远发展吗？我曾经发现学生在课堂上总是在等着我的答案，做阅读理解题时甚至不太敢下笔，缺乏自己的思考，这是语文学习应该有的样子吗？不但如此，我还发现我和学生除了在课堂上有交流外，课下交流得很少。这是良性的师生关系吗？我的课堂吸引学生吗？我对自己的教学模式产生了怀疑，我也决心探索这些问题的答案。

三、追根究底的探索

（一）古人的教学方法

学生到底应该怎样学？教师到底应该怎样教？千百年来，国内外一直在探索最有效的教学方式。唐代韩愈说："师者，所以传道受业解惑也。"我想，目前的我只做到了前两者,并没有做到"解惑"。而我的学生因为我时时强调的规范意识,甚至根本就不知道提问的重要性。"君子之学必好问。问与学,相辅而行者也。非学无以致疑,非问无以广识。"(清·刘开《问说》)"为学患无疑,疑则有进。"(宋·陆九渊《语录下》)这些经典的话语,告诉我们在学习的过程中,提问是十分必要的。

我曾教授过《论语》十二章,在这部语录体的著作中,很多句子都以"子曰"起始,作为"万世师表"的孔子告诉了他的弟子和后人们众多关于为人、处世、交友、理想的道理,后世学习、背诵,用以规范自己的言行。可是,我们往往忽视了《论语》中这样一些句子:

哀公问曰:"何为则民服?"孔子对曰:"举直错诸枉,则民服;举枉错诸直,则民不服。"

子路问政,子曰:"先之,劳之。"请益。曰:"无倦。"

樊迟问知。子曰:"务民之义,敬鬼神而远之,可谓知矣。"

原来孔子讲学时并非高高在上,他和弟子间是有充分互动的,孔子的课堂并非他的"一言堂"。据说,孔子对于他的弟子,不仅是学业上的指导帮助,情感上与弟子也极为亲近,这也是为什么在他周游列国十几年间,弟子们依然追随的原因之一。

反观我的语文课堂教学,缺少的正是这种与学生情感上的互动,缺少师生间的相互吸引。学生习惯了以教师为主,当小邵同学打破常规向我提问时,我和其他学生会感到不适应。其实不是小邵同学特殊,而是之前我的教学方式压抑了学生自主的思考,长此以往,他们学习语文的兴趣会被逐渐消磨。

(二)新课标的教学要求

《义务教育语文课程标准(2022年版)》强调了对学生核心素养的培养。"教师要避免通过强行灌输和机械训练等方式追求所谓的'提高'。教师要让学生不仅识记'是什么',而且探究'为什么'和'怎么做'"。[1]我在课堂上对学生看似细致的指导的确能让他们少走弯路,但培养的仅仅是学生短期的答题能力,而对核心素养中的文化自信、语言运用、思维能力和审美创造四个方面的培养明显存在不足。应试答题能力不能简单地与核心素养画上等号。学生的应试答题能力可在短时间内提升,而核心素养的培育只有通过长期学习、尝试和质疑才能逐步形成。

(三)萌发的教学想法

我们教学的对象是一个个活生生的个体,他们有自己的思想、意识,课堂内有各种问题的生成是很正常的。语言学家吕叔湘说:"教育的性质类似农业,而绝对不像工业。"教育家叶圣陶先生也认为:"办教育跟种庄稼相仿,受教育的人的确跟种子一样,全都是有生命的,能自己发育成长的,给他们充分的合适的条件,他们就能成为有用之才。"[2]教师作为园丁,首先应注重教育的天时、地利,适时地对这些幼苗施肥、浇水、除草,避免拔苗助长,再加上人和,悉心照料他们,用情爱护他们,幼苗才能茁壮成长。

教师用情对学生,学生定能感受得到。我国古代教育专著《学记》里有这样一句话:"亲其师,信其道;尊其师,奉其教;敬其师,效其行。"可见良好的师生关系、和谐的情感沟通对教学效果影响巨大。如果师生之间能够关系融洽,以情感为纽带开展教学活动,形成和谐融洽的教学环境,相信定能发挥最高的教学效能。情感教学就是改良我目前语文教学的一剂催化剂。情感教学,是指教师在教学过程中,在充分考虑认知因素的同时,充分发挥情感因素的积极作用,以完善教学目标、增强教学效果的教学。这是作为教育者的人对受教育的人进行教育所应实施的真正的教学。[3]因此,我萌发了把情感教学融入自己语文教学中的想法。

四、翻天覆地的改变

(一)传递快乐的教学情绪

网上曾有这样一则视频:一位男老师可能在生活中遇到了一些烦心事,上课铃声响起后,他正神色焦虑、步履蹒跚地走向教室。但在教室门口,他停了一下,梳理自己的情绪，调整自己的状态后，神采奕奕地进入教室上课。这是一种了不起的职业精神。语文学科是一门感性学科，教学中很多时候要求学生从文本中体悟出作者的真情实感，如老舍的《北京的春节》、莫怀戚的《散步》等，这些课文与学生生活实际联系紧密，学生对课文中人物情感的把握就来自生活的真实体验。那么，每天与学生见面的语文教师应当传递出一种怎样的情绪呢？应该如何帮助学生更好地感悟课文，感悟生活呢？在教学时，我不再像以前一样板着脸，严肃地向学生输出一些课文的重点，并强制学生输入大脑，这样的教学情绪让学生变得机械、胆怯，压缩了学生思考的空间，取而代之的是我传递给学生一种快乐的情绪，让学生感受到语文学习不是死记硬背，而是一种快乐。就像教育家夸美纽斯强调的教学中的师生同乐："是一种教起来使人感到愉快的艺术，它不会使教师感到烦恼，或使学生感到厌恶，它能使教师和学生都得到最大的快乐。"[4]在快乐中提升语文能力，让师生之间互相吸引，何乐而不为呢？

（二）营造活跃的教学氛围

教师传递给学生积极、快乐的教学情绪之后，学生的情绪也会逐渐被带动起来。在语文课堂教学中，初中低年级学段的学生上课举手发言积极而热烈，到了初中高年级学段，学生就变得沉默寡言了。除了青春期学生特点外，很重要的原因就是教师更多地关注应试教学，而忽略了课堂整体的教学氛围。试想：紧张、压抑的氛围如何让学生畅所欲言？如何吸引学生？长此以往，教师的教学刻板，学生的学习机械。因此，在执教初中高年级学段时，我尝试让学生来讲解自读课文，有了充分的课前阅读和思考才能讲得头头是道，点评时才能娓娓道来；我尝试就教材中的某一话题让学生开展组内讨论，学生推举代表发言，分工明确，思维品质得到提升；我尝试在写作前开展写作素材"头脑风暴"，当个人单一的素材流入班级素材的海洋中时，闭门造车变成了群策群力，审美创造的路也变得宽阔。青春期的学生充满了表现欲，学生从刚开始的畏首畏尾，到后来的争先恐后，活跃的不仅是课堂氛围，更是解题思路。

(三) 打造双向的教学通道

在课堂教学中，学生才是主体，教师是引导者、组织者。可我以前为了完成教学任务而"满堂灌"，这只是满足了我自己的内心需要，学生听懂了吗？这是学生需要的吗？如果等到学生作业中出现问题，再对自己的教学进行调整，费时又费力。如果能在课堂教学中当堂解决某些核心问题，师生间进行互动，让学生真正做到"在做中学"，学生记忆定会深刻，学得定会扎实。我把小邵同学课堂发问的环节作为我每一节语文课的保留环节，学生可在疑惑时直接向老师提出问题，老师、同学可以共同帮忙解答。这种情感教学的模式并不会有损教师的权威，反而打破了原来师生之间的壁垒，把原来处在教和学不同位置的双方放在了一起，师生的共同目的是探讨和解决语文问题，并在此基础上落实核心素养，提升学生的语文能力，同时，教师的教学水平也在提升。这就是真正的"教学相长"。

语文课堂上，我们会遇到各式各样的学生，他们有的性格开朗且善于表达，还有的基础扎实却沉默寡言，也有的不善思考人云亦云……学生特点不尽相同，但只要教师充分发挥情感因素的积极作用，用情感教学模式激发学生兴趣、鼓励学生思考、引导学生质疑，语文课堂将会变得有趣，学生的语文核心素养便会在潜移默化中得以培育。我想，时刻对语文教学充满热情，时刻在语文课堂调动自己积极的情感，就能最大程度地发挥情感教学的优势，也就能真正实现以核心素养为导向的有的、有序、有趣、有效的"四有课堂"！

参考文献

[1] 郑国民,李宇明.义务教育语文课程标准(2022年版)解读[M].北京:高等教育出版社,2022:59.

[2] 戴胜利,徐雄伟,万谨,陈勇.班级管理技能[M].上海:上海教育出版社,2012:12.

[3] 卢家楣.情感教学心理学[M].上海:上海教育出版社,2000:2.

[4] 夸美纽斯.大教学论[M].傅任敢,译.北京:人民教育出版社,1984:3.

让学生经历统计的全过程，形成数据意识

——以五年级"统计"单元项目式学习为例

上海市浦东新区御桥小学　　王　燕

项目式学习是一种以学生为中心的学习，它凸显了学生在学习中的地位，项目中的问题和任务来自学生，是学生对身边事物的真实思考；同时，它强调了知识与能力在真实场景中的应用，学生通过对驱动性问题进行探究，不断调用已有的知识经验，将学过的知识真正运用于生活实际，从"学过"到"学会"再向"会用"转变，在不断的探索和反思中，夯实学科知识，提高核心素养，并掌握解决问题的一般路径。

在统计教学中，项目式学习发挥了显著作用。它能够将统计知识与现实生活紧密结合，在项目实施过程中，学生主动参与数据收集、整理、分析、呈现和解释，提高了数据处理能力和统计分析能力。同时，项目式学习还促进了学生的合作与交流，培养了他们的团队协作精神和沟通能力。通过项目的完成，学生能够体会到成功的喜悦和成就感，激发他们对统计的兴趣和热情。

一、项目确立与设计

《义务教育数学课程标准（2022年版）》（以下简称"课标2022版"）中提出：要立足学生核心素养发展，体现数学课程育人价值。统计单元是培养学生数据意识的重要载体。数据意识主要是指对数据的意义和随机性的感悟。知道在现实生活中，有许多问题应当先做调查研究，收集数据，感悟数据蕴含的信息；知道同一组数据可以用不同方式表达。形成数据意识有助于逐步养成用数据说话的习惯。

知识层面,五年级学生已经掌握了一定的统计知识,知道收集数据的方法和简单的数据呈现的方法,但缺少经历完整统计过程的机会,且在分析数据时往往还停留于表面,如最大值是多少,缺乏思维深度和现实意义。能力层面,五年级学生的思维正蓬勃发展,具备了一定的问题解决的能力,能够对事物进行初步的分析和判断。同时,他们有强烈的求知欲望,愿意通过实践探索解决现实问题。教师应当选择实际生活中学生感兴趣的问题进行探究,通过探究,学生能够获得学科知识和一定的核心素养;在完成统计的过程中,学生真正感受到数学是有用的、有趣的。

主题的选取源于一次阳光体育活动。我校为每班学生提供长绳、短绳等,但在活动中,没有学生去拿绳子,而是选择聊天、休息。在和学生的交流中我了解到其原因是"不愿意",当追问"不练习跳绳,能合格吗"时,学生告诉我"能"。在与体育教师的交流中,我得知国家标准的跳绳合格线比较低,对于我们班的学生来说太容易。围绕这一点,我们认为可以适当提高我们班级的跳绳合格线,让更多学生在阳光体育活动中动起来,以达到增强体质的目的。那么把跳绳合格线定为多少合适? 由此,确定了本项目的驱动性问题:我们班的跳绳合格线和优秀线定为多少合适?

在本项目中,基于对课标的解读和学情的分析,设定了本单元的学习目标如下:

1. 在解决实际问题的过程中,知道要做决策时应当先做调查研究,感悟数据蕴含的信息。

2. 经历数据收集、数据整理、数据呈现、数据分析的全过程,能有理有据地解释这样制定决策的原因,养成用数据说话的习惯,形成数据意识。

3. 在解决实际问题的过程中,初步养成认真勤奋、独立思考、合作交流、反思质疑的习惯。

二、项目实施

在本次学习活动中,学生主要经历以下环节(见图1)。其中,在取得阶段性成果后,根据实际情况,需要学生调整、优化,进行再探究。

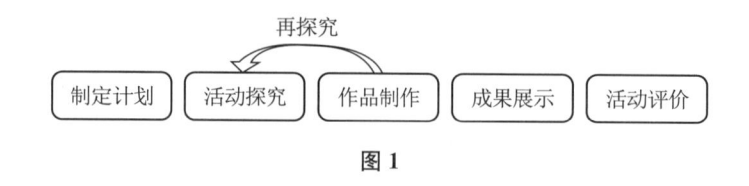

制定计划 → 活动探究 → 作品制作 → 成果展示 → 活动评价
（再探究：从作品制作返回活动探究）

图 1

（一）制订计划

1. 确定活动方案

在了解本次项目及明确学习目标之后,学生进行分组交流与讨论,完成活动方案的制定。每个小组都有一份记录单,记录单上主要有两块内容:一是"我们想知道";二是"我们的活动方案"。

所有小组都在记录单上写道:我们想知道每人每分钟跳绳多少个。当问其原因时,学生给出了这样的回答:我们要先看看我们班同学跳绳的情况,才能确定合格线和优秀线;如果不知道每人跳绳的情况,随便找个数定为合格线或优秀线是不合理的。至此,学生已经有做决策前先做调查的意识,解决了"为什么要统计"的问题。

随后,有学生提出疑问:全班有 43 个人,要知道每个人 1 分钟跳绳的个数,要数 43 次,很麻烦,有什么方便的方法吗? 同学解答了他的疑问:可以分组进行跳绳个数的统计,这样快一些。分组源于实际的需要,学生能够根据现实问题提出切实可行的想法,解决了"怎么统计"的问题。

之后,我抛出问题:在我们收集了小组内每人每分钟跳绳的个数后,怎么呈现数据? 学生马上就联想到曾经学过的内容——可以用统计表、条形统计图、折线统计图来呈现。另一学生马上指出:折线统计图反映的是数据的变化情况,我们只需要呈现数量的多少,用条形统计图就可以了。学生能够根据各种统计图、表的异同,合理选择合适的数据呈现的方式,解决了"怎么呈现"的问题。

在生生的交流与讨论中,在组组的质疑与思考中,在教师的不断追问下,学生逐渐明晰要做什么、怎么做,并形成初步的活动方案(见图 2)。

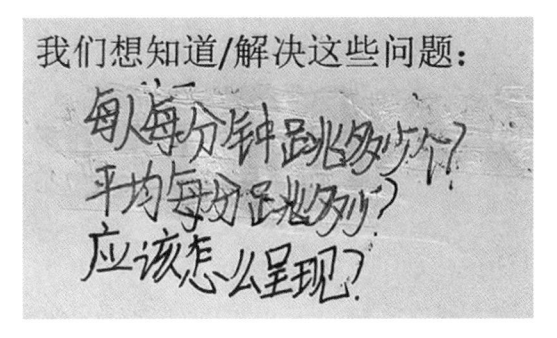

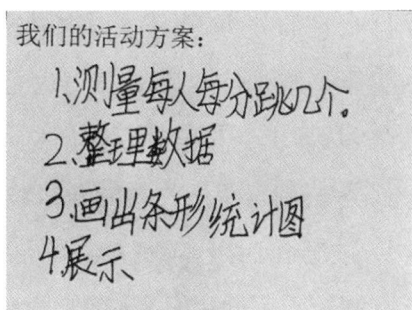

图 2

2. 明确小组分工

学生采用小组分工合作的方式进行探究,由小组成员推荐、投票选出一名组长。在组长的组织带领下进行小组分工,包括计数员、记录员、制表(图)员、汇报人等,小组内成员相互合作、各司其职。

(二)活动探究

任务1:了解自己在组内的跳绳水平

1. 学生利用阳光体育时间跳绳,并记录小组内每人每分钟跳绳的个数。

2. 用统计表或条形统计图的形式呈现小组成员跳绳的情况。

3. 通过比较数据大小、观察统计图、计算平均数等方法,在小组内说一说自己的跳绳水平怎么样(见图3)。

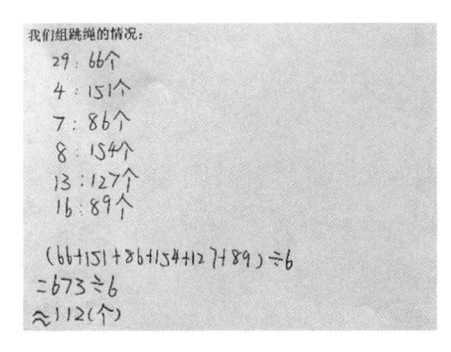

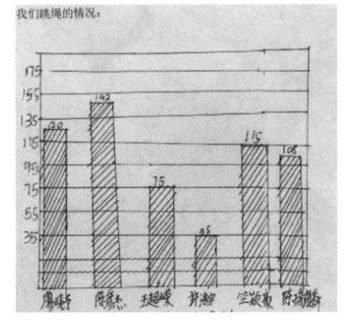

图 3

透过一个个真实的数据,学生清晰、直观地看到自己的跳绳水平,能基于数据做出合理的分析,逐步养成用数据说话的习惯。在这样的活动中,跳绳个数较少或少于小组平均个数的学生也意识到自己在跳绳这项运动上的不足,需要勤加锻炼,从而提高技能,增强体质。

任务2:制定我班的跳绳合格线和优秀线

1. 讨论用小组平均成绩作为班级合格线的合理性

在制定我班的跳绳合格线时,多个小组都主张用自己小组的平均成绩作为班级的合格线,但在交流的过程中很快发现了问题(见图4)。左图中,该组计算出小组的平均成绩是每分钟跳133个,右图中,该组计算出小组的平均成绩是每分钟跳93个,两个小组之间的差距非常大。如果把左边小组的平均成绩作为班级的合格线,那么右边小组的五人全部不合格,这显然是不合适的。其实,这当中也渗透了初中数学中的"抽样统计"思想,正因为小组之间差异大,"以偏概全"是失之偏颇的。那么,到底应该怎么制定班级的合格线呢?学生提出,要汇总全班同学每分钟跳绳的成绩。

图4

2. 汇总各组成绩并制定班级的跳绳合格线和优秀线

要汇总全班同学每分钟跳绳的成绩,就面临了新的问题:全班有43人,如果一一呈现,数据量就比较大,是否有必要?学生对这个问题展开交流与讨论,并提出可以分段统计全班的跳绳个数,具体做法如图5。

通过分段的方法,学生对数据进行了整理,能够比较清楚地看到跳绳个数的分布情况,知道可以根据实际需要处理数据。在此基础上,学生重新制定了班级的跳绳合格线和优秀线。有学生说,可以将每分钟跳绳80个作为合格线,这样的

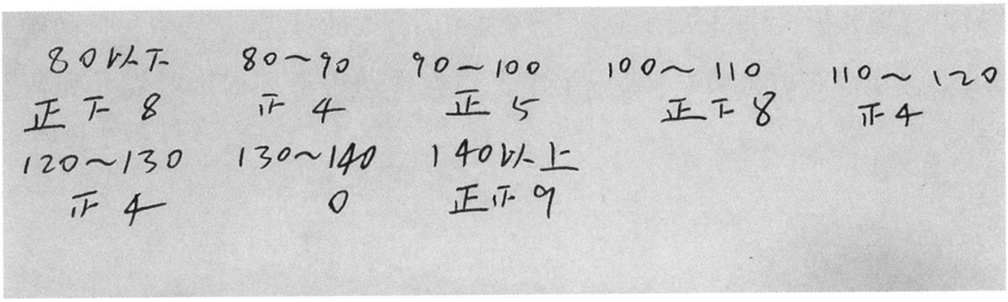

```
80以下      80~90     90~100    100~110   110~120
正下 8      正 4      正 5      正下 8    正 4
120~130    130~140   140以上
正 4        0         正正 9
```

图 5

话目前只有 8 个人不合格,其中一部分同学通过练习也能合格,将每分钟跳绳 130 个作为优秀线;也有学生要求比较高,将每分钟跳绳 95 个和 140 个分别作为合格线和优秀线,并给出了他们的理由。不管学生给出怎样的结论,只要言之有理,都是可以的。学生也能够逐渐意识到平均数并不是唯一衡量的标准,在做数据分析时,需要综合考虑数学知识与生活实际。在初中阶段学习了更多统计方法后,学生还可以用百分数的知识来解决这个问题。

任务 3:查阅资料,分析我班的跳绳水平并提出改进建议

课后,学生继续通过网络等途径查找资料,对比我班的情况,对我班学生的跳绳水平做出分析。主要从两个方向出发:一是搜索跳绳国家标准。国家体质测试标准规定,五年级学生跳绳合格线为男生 56 个,女生 58 个;优秀线为男生 138 个,女生 144 个。有学生发现,国家标准规定的合格线低于我班同学自己制定的合格线,这样就有更多的学生能够合格;优秀线与我班同学自己制定的接近,但不少同学离优秀还有一定距离,需要更好地掌握跳绳的方法并加以练习。二是搜索跳绳世界纪录。学生们在上网搜索跳绳世界纪录后,不禁感叹:他们太厉害了! 感叹的不仅仅是那数倍于己的跳绳个数,也是对这些世界纪录保持者们为达到极致而付出努力的钦佩! 这也正是我们的学生应该去学习的坚毅精神。

(三) 作品制作

学生运用所学的统计知识,以数学小报的形式,对自己在小组内的跳绳水平做出合理分析,回顾并展示制定合格线和优秀线的过程,对班级整体的跳绳水平进行分析并提出建议,也可记录自己在活动中遇到的困难以及如何解决的。

（四）成果展示

以个人自荐和小组推选的形式,进行数学小报的展示与交流,其他同学说一说值得学习的地方,也可以提宝贵建议。

图 6

（五）活动评价

本次活动的评价关注两个方面：一是学生是否解决了问题,需要看学生在实践中是否明确问题、能否制定活动方案并用所学知识进行探究,以成果性评价进行考查;二是学生的思维是否得到发展,学生思维的发展不是一蹴而就的,需要学生在不断的反思、调整、优化中逐渐形成创造性思维。反思是内隐的意识活动,不能直接评价,应以过程性评价进行间接考查。

表1 学生自我评价表

评价标准		☆☆☆	☆☆	☆
过程性评价	参与态度	能够积极主动参与活动,有探索热情,能积极思考	能参与活动,但主动性不强,能独立思考但缺乏探索的热情	有时参与活动,但缺乏积极性,不愿意思考
	协作能力	能完成小组中自己应承担的任务;认真倾听他人,主动帮助他人;在合作中有贡献,如提出关键问题和观点	能完成小组中自己应承担的任务;认真倾听他人,主动帮助他人	基本完成自己的活动任务,但与同伴缺乏交流
	能力表现	能根据问题设计活动方案;能合理对数据信息进行分析;遇到问题能够主动反思并想办法解决	在老师和同伴的帮助下,能设计活动方案;能合理对数据信息进行分析;比较顺利解决自己遇到的问题,完成任务	在老师和同伴的帮助下,能基本完成任务
成果性评价	科学有据	作品能看到探究活动的过程与结果,有数据支撑	作品能看到探究活动的过程与结果,有一定的数据支撑和道理	在老师和同伴的帮助下,能完成作品
	表达有理	在展示和交流环节,自信大方,得到较多同学的认可或能对他人提出合理建议	在展示和交流环节,得到部分同学的认可或能发现他人的优点	能基本完成展示与交流
	美观大方	认真完成作品,图文并茂,有美观性	认真完成作品,缺乏美观性	基本完成作品

三、成效与反思

核心素养是否形成需要经受时间和实践的检验。在本次项目式学习中,学生角色由被动的接受者转为标准的制定者,大大提高了学生探究的积极性。在解决"制定班级跳绳合格线和优秀线"这个实际问题的过程中,学生初探标准制定背后的逻辑,理解生活中的标准和规则的制定背后皆有其原因,是相关从业人员专业的体现,从而认同标准和规则。同时,学生也初步意识到,随着时代的进步,学生体质的增强、能力的提升,我们应该带着发展的眼光看待标准和规则,标准和规则有时需要合理调整与优化。学生真正觉得,这样的学习有意思!

这样的学习带来的不仅是数学眼光的发展,还有数学知识的夯实和数学素养的形成。在解决实际问题的过程中,学生需要灵活调用已有的知识经验,这就需要学生对学过的统计知识进行查漏补缺与整合,在一次次的交流与质疑中,明确统计方法,选择更为合适的呈现方式,深化对统计知识内涵的理解,让学会的知识成为问题解决的金钥匙。在问题解决的过程中,学生掌握了解决问题的一般路径,知道做决策前要做调查研究,要有理有据。通过对收集到的数据反复推敲与分析,给出初步的结论,而随着研究的深入,结论还会被补充甚至推翻。数据意识和严谨的科学态度就在统计的全过程中慢慢萌芽、壮大。

"四有课堂"理念下的项目式学习激发了学生在学习中的主观能动性,从而使学习效率更高,学习效果更好,学生的思维也能够走向深入。在问题解决的过程中,学生综合运用多种能力,在合作探究、交流质疑中让核心素养真正落地。

落实小学数学"四有课堂"的策略探究

上海市浦东新区北蔡镇中心小学 蔡 琼

小学数学课堂不仅是教授知识的场所,更是学生思维启蒙的摇篮。如何让学生在课堂上积极参与,乐在其中,是每个数学教师都面临的挑战。"四有课堂"强调创设与学生生活紧密相连的教学情境,鼓励学生主动提问与探索,提供机会让他们动手实践,同时注重他们在学习过程中的情感体验。这样的课堂不仅能让数学学习变得生动有趣,还能有效培养学生的核心素养。

一、"四有课堂"的核心分析

数学"四有课堂"的核心表现主要包括:情境的生动性,问题的驱动性,实践的操作性和情感的融入性。通过让学生亲自动手操作、实验,他们能够更加直观地理解数学概念,掌握数学方法,从而在实践中提升数学素养。

（一）涉境

涉境,即创设情境,让学生在具体、生动的情境中学习数学。正如陶行知先生所言:"拿活的东西教活的学生。"在小学数学教学中,教师应依据教材提供的丰富鲜活的素材,结合时下热门话题和教学内容,创设贴近学生生活的情境,把静态的知识变成学生的实际生活活动,让学生在熟悉且感兴趣的环境中更自然地学习和运用数学知识。例如,在教授"分数的初步认识"时,可以设计分披萨或分享网络热门游戏道具的情境,让学生在模拟分配的过程中掌握分数的概念和应用,使数学学习更加生动有趣。

（二）激疑

激疑，即激发学生的疑问和好奇心，引导他们主动探索数学知识。教师应巧妙利用"主题图"和"思考题"，结合当下学生关注的热点话题，引导学生提出问题、思考问题、解决问题，在长期的问题熏陶下，增强解决实际问题的能力。如"环保节能与水电费计算""网络购物优惠策略"等，这些都是激发学生疑问和好奇心的良好素材，能够促使学生主动探索数学知识。

（三）动手

动手，即让学生在实际操作中学习数学，培养他们的实践能力和思维能力。教师应将一些抽象的概念通过直观、具体的方式展现出来，让学生在观察、操作、实验中理解和掌握数学知识。例如，在教授"图形的运动"时，可以结合平板电脑等设备，引导学生动手制作并观察旋转、平移、对称等图形变换的3D模型，亲身体验图形的性质与变换规律，使抽象的数学概念变得直观易懂。

（四）予情

予情，即在教学过程中融入情感元素，建立深厚的师生情感，激发学生的学习兴趣。教师应以充沛的感情、生动的语言、娴熟的教学技巧去带动学生，沟通师生关系，达到"亲其师，信其道"的效果。教师应注重培养学生的态度、情感与价值观，通过结合热门话题和时事新闻，向学生介绍数学家的故事、数学在日常生活及科技领域的应用，如数学与人工智能、数学与疫情防控等，让学生在轻松愉快的氛围中学习数学，感受到数学的魅力和乐趣，从而更加热爱数学，主动学习数学。

二、小学数学课堂的问题分析

（一）创设情境过于追求形式，很难引起学生的共鸣

为了营造生动有趣的课堂氛围，很多教师会精心创设情境。然而，有时这些

情境过于追求形式上的新颖和独特,却忽略了其与教学内容的紧密联系。例如,有的教师可能会使用复杂的动画或场景来引入课题,但这些情境往往与学生要学习的数学概念脱节,导致学生难以从情境中抽象出数学原理。此外,部分情境缺乏针对性,没有考虑到学生的年龄特点和认知水平,从而无法有效激发学生的学习兴趣和思考。

(二)学生缺乏主动提问的意识和能力

在平时的课堂上,学生主动提问的环节往往显得薄弱。这主要体现在两个方面:一是学生缺乏提问的意识和习惯,他们往往习惯于被动接受知识,而不是主动思考和发现问题;二是即使学生有问题,也往往因为担心被嘲笑或批评而不敢提出,这种情况导致了课堂上的互动不足,教师难以了解学生的实际需求和困惑,也无法针对性地进行指导和帮助。

(三)实践活动的设计与实施难度较大

实践活动是小学数学教学中的重要环节,旨在通过动手操作来加深学生对数学知识的理解。然而实践活动的落实却面临诸多困难。首先,由于课堂时间有限,教师往往难以安排充分的实践活动时间。其次,部分学校的教学资源有限,难以提供足够的实践材料和设备。最后,学生的动手能力存在差异,导致实践活动的进度和效果难以统一。这些问题都使得实践活动的实际效果大打折扣。

(四)情感教育与学科知识的融合度不高

在小学数学教学中,情感教育的缺失是一个不容忽视的问题。部分教师过于注重知识的传授和技能的训练,而忽视了对学生情感态度的培养,导致学生无法体会到数学学习的乐趣和价值,对数学产生抵触情绪。同时,由于缺乏积极的情感体验,学生的学习动力和自信心也受到打击,进一步影响了他们的学习效果和未来发展。这种情感教育的缺失制约了学生全面素质的提升。

三、小学数学"四有课堂"的教学原则

(一) 以学生为中心的教学理念

在"四有课堂"中,以学生为中心的教学理念是核心。这意味着教学活动、内容和方法都应以促进学生的发展为出发点和归宿。例如,教授"面积"概念时,传统的教学方式可能是直接给出面积的定义和公式,然后让学生通过练习题来巩固知识。但在"四有课堂"中,教师可以先让学生观察不同形状和大小的物体,引导他们自己发现面积的概念,并通过小组合作探讨如何计算面积。这样的教学方式更能激发学生的学习兴趣,培养他们的探究能力和问题解决能力。在讲解"长方形面积"时,教师可以准备一些长方形纸片,让学生亲自动手测量并探究长方形面积的计算方法。通过实际操作,学生不仅能更直观地理解面积的概念,还能在实践中掌握计算方法。这种以学生为中心的教学方式,让学生成为学习的主体,教师则起到引导和辅助的作用。

(二) 数学知识的结构化与情境化

数学知识的结构化是指将数学知识按照一定的逻辑和体系进行组织和呈现,帮助学生形成清晰的知识框架。而情境化则是将数学知识与实际应用场景相结合,让学生在具体的情境中理解和运用数学知识。在讲解《三角形和四边形》这一章节时,教师可以先从生活中的实例出发,比如桥梁、建筑、艺术品等中的三角形和四边形元素,以此引入相关概念。接着,教师可以设计一些与日常生活紧密相连的实际问题,让学生在解决问题的过程中深入理解和掌握三角形和四边形的性质。通过这样的结构化和情境化教学,学生不仅能更直观地理解三角形和四边形的知识点,还能在实际操作中增强数学知识的应用能力,进一步提升对数学学科的兴趣和热爱。

四、核心素养视域下小学数学"四有课堂"中的个性化教学策略创新

（一）创设富有个性的教学情境

在"四有课堂"中，创设富有个性的教学情境至关重要，它能迅速抓住学生的注意力，激发他们的学习热情，并引导他们主动投入思考和探索中。以《从不同方向观察物体》这一教学内容为例，教师可以创新性地设计一个"神秘宝藏岛"的教学情境。在这个情境中，学生们仿佛是一群勇敢的探险家，他们需要从不同的方向观察神秘的宝藏岛，通过分析和比较所观察到的物体形状，来寻找隐藏的宝藏。为了营造更加逼真的探险氛围，教师可以借助多媒体课件，展示一个充满神秘感的岛屿，岛上布满了各种形状奇特的建筑和地标。学生们需要仔细观察这些物体，并尝试从正面、侧面、上面等不同方向进行描述。这一富有挑战性和趣味性的教学情境，不仅能迅速点燃学生们的学习激情，还能让他们在实际操作中深刻体会到从不同方向观察物体的重要性。在这一情境下，教师可以自然地引导学生思考如何准确描述从不同方向观察到的物体形状。学生们可能会提出各种有趣的观点和方法，教师应给予积极的反馈和引导。

通过小组讨论和集体分享的方式，学生们可以共同探究出从不同方向观察物体的规律和技巧。"四有课堂"为这种个性化的教学情境提供了有力的"涉境"的支撑，不仅能有效促进学生的空间观念和几何直观能力的发展，还能培养他们的创新思维和团队协作能力，与新课标的要求紧密相连。

（二）引导学生自主提问与探究

在"四有课堂"的教学模式中，有"激疑"环节鼓励学生自主提问，以此激发他们的数学探究兴趣和学习动力。通过培养学生的数学问题意识，教师可以引导他们更加主动地思考和解决实际问题，从而提升他们的数学应用能力和解题技巧。在五年级"数与运算"的复习模块中，教师可以通过生活中的实例，设计一些与学

生日常生活紧密相关的问题,引导学生从中发现问题并提出疑问。例如,教师可以给出购物清单,让学生计算总价,并引导他们提出如"如果购买更多数量的某个商品,价格会有什么变化?""有没有更优惠的购买方案?"等实际问题。

为了进一步促进学生的数学探究,并回应他们的问题,教师可以组织学生进行小组讨论。在小组内,学生们可以围绕自己提出的数学问题展开交流,通过实际操作、计算和验证,共同寻找答案。在此过程中,教师应提供适当的指导和帮助,确保学生的数学探究能够顺利进行。这样的教学策略,不仅能帮助学生在"数与运算"的复习中巩固知识,提升运算能力,更重要的是,通过自主提问与探究实际问题,学生能够更好地将数学知识应用于实际生活中,增强数学应用意识和能力,这种教学方式符合"四有课堂"中"激疑"的教学理念。

(三)开展多样化的数学实践活动

"四有课堂"倡导学生实际操作与亲身体验,即"动手"。实践活动作为提升学生数学应用能力和培养创新精神的重要手段,其重要性不言而喻。通过精心策划,结合教材内容,设计出富有挑战性和趣味性的实践活动,能够有效激发学生的参与热情和学习兴趣。以"体积和容积"这一教学单元为例,为了让学生更好地理解和应用这两个概念,教师可以组织一次"测量不规则物体体积"的实践活动。在活动中,教师提供一系列形状不规则的物体,如树叶、石块等,并指导学生亲自动手,运用所学的体积和容积知识来实际测量这些物体的体积。

学生们将有机会尝试使用排水法、沙测法等不同的测量技术,这种"做中学"的方式,不仅能让他们更直观地理解体积和容积的概念,还能在操作过程中锻炼其实践能力。在实践过程中,教师应鼓励学生积极尝试、勇于创新,探索更多的测量方法,并引导他们学会评估各种方法的准确性和可靠性。这种教学策略与"四有课堂"中的"动手"理念高度契合,同时也符合当前教育改革的方向。

(四)培育学生的数学情感与文化素养

教师可以通过精心设计富有情感的教学活动,引导学生亲身参与和实际操作,以此深入感受数学的独特魅力。这种注重情感体验的教学方法不仅有助于学生更直观地理解数学概念,更能进一步激发他们的数学情感,提升其文化素养。为了实现这一目标,"四有课堂"的教学模式被广泛推崇,其中特别强调了"予情"的教学环节。以"轴对称图形"的教学为例,教师可以通过组织学生亲手制作轴对称图形,如剪纸、拼图等富有情感色彩和趣味性的手工活动,让学生在实践中深刻感受数学中的对称美。在活动过程中,教师可以运用富有情感的语言激发学生的探索欲望:"同学们,轴对称图形中蕴藏着一种独特的美,你们想不想去发掘它?现在,让我们拿起手中的工具,一起动手创造属于我们自己的轴对称图形世界吧!"

通过这样的实践活动,学生不仅能够直观地理解轴对称的概念,更能在创作过程中培养审美情趣,锻炼想象力和创造力。而教师在活动中的适时指导和鼓励,则能让学生深切感受到数学学习的乐趣,从而增强他们的学习成就感。这种富有情感的教学策略,能让学生在亲身实践中深刻感受到数学的魅力和美的熏陶,进而在潜移默化中提升自己的文化素养。

五、结论

数学教学活动可以帮助学生自主探索,合作交流,充分发挥学生的参与性、融入性,从而掌握数学知识技能和方法。因此,小学数学"四有课堂"中的个性化教学策略显得尤为重要。我们通过"涉境""激疑""动手""予情"等策略,可以有效提升学生的核心素养和数学能力。这些策略不仅有助于学生的全面发展,也为小学数学教学提供了新的思路和方法。

参考文献

[1]陈素兰.悦纳教育文化下构建小学数学"四有"课堂的有效策略[J].教育艺术,2024(3):26.

[2]于美静.温度·深度·广度:基于数学文化渗透的小学数学学习路径探索

[J].新校园,2023(11):49-50.

[3] 任荔.小学数学"五有"课堂育人模式的探索与实践[J].教师博览,2023(30):19-21.

[4] 朱华平.问题引领的小学数学"四步五环"课堂模式[C].广东省教师继续教育学会.2022年度"粤派名师杯"教育教学改革与创新优秀论文集(五).深圳市宝安区上合小学,2023:5.

[5] 王圣杰,詹玉坤.悦纳教育文化下构建小学数学"四有"课堂的有效策略[J].教育文汇,2022(12):17-20.

[6] 白宇杰,耿佳琦."双有课堂"理念指导下的小学数学课堂上学生专注力研究[C].廊坊市应用经济学会.对接京津——新的时代基础教育论文集.长春高新技术产业开发区尚德学校,2022:4.

[7] 任荔.小学数学"五有"课堂的建构与实践[J].小学教学参考,2022(17):24-26.

[8] 王秋荣.在小学数学课堂教学中渗透数学史的"四有"策略[J].广西教育,2022(4):76-78.

[9] 李艳波.小学低年级数学说理课堂的"四有"之道[J].新教师,2021(10):77-78.

"四有课堂"支撑下的小学数学创新思维训练课程的实践

上海市绿川学校 丁佳鹭

一、课程概述

（一）课程背景

我校数学教学的现状包括：首先，过分注重计算能力的培养，学生花费大量时间在计算上，这可能导致学生在其他数学能力方面的培养不足；其次，缺乏动手操作能力的培养，导致学生获取知识时缺少主观能动性和兴趣；最后，缺乏对解决问题能力的培养，解决问题的方法也比较单一。

为解决以上问题，我校数学教研组在教学方法、内容、评价体系等方面尝试进行改革和创新，立足"四有课堂"，设立创新思维训练课程（以下简称"课程"），以更好地培养小学生的数学素养和创新能力。

（二）课程目标

本课程的教学目标符合《义务教育数学课程标准（2022年版）》（以下简称"新课标"）中的课程理念，以核心素养为导向，进一步夯实"四基"，发展"思能"。

1. 进一步掌握新课标规定的数学基本知识、基本技能，并在课程中收获数学思想方法，积累数学活动经验。

2. 形成用数学的思维方式和活动经验去观察、分析现象的意识，能尝试发现思维课程中的数学事实。

3. 激发学习数学的兴趣，加大好奇心和提升创造力，体会创新思维课程的数学教学价值，发展高阶思维能力。

4. 促进学生全面发展,在课程中提高学生交往、合作的意识,提升耐挫的能力。

(三) 课程内容

我校课程包括基础型课程、拓展型课程以及探究型课程。为了加强课程特色化建设,丰富课程内涵,"优质化"推进拓展型课程,培养学生的发展性学力。本课程作为我校拓展型课程,以学科类拓展为主,依据学科知识与不同年级学情,以问题为导向,实施学科知识挖掘延伸。课程内容包括研究智力学具、数学游戏、实际生活中的数学问题,让学生树立起质疑、辩证的意识与精神,落实核心素养。

二、实施过程与育人效果

(一) 发挥学具作用,让课堂在"有趣"中"有序"

课程最基本的目标之一是"学会"知识,那如何将"学会"转变为"会学",其关键就在于丰富课堂层次,激发学生学习兴趣,将学生被动地听转化为主动地学,使学生在潜移默化中养成良好的学习习惯,积累自主学习经验。在这一过程中,学具起着不可替代的作用。

在我校数学创新思维课堂中,智力学具得到了充分且多样化的运用。课前学生按小组获得的学具和任务单需摆放整齐,搭配相关学习用品,做好上课准备;课后梳理知识点,同时再次整理好自己的学具,这对于初次接触学具且好奇心极强的小学生来说,既能磨性子,主动养成课前课后整理的好习惯,又逐步积累了规范学习的经验;在课中,学具的使用会带来大量的合作探究活动,这就要求学生养成有序操作、积极讨论的学习习惯。

在四年级的课程"八皇后"中,基于国际西洋棋棋手马克斯·贝瑟尔于1848年提出的"在 8×8 格的国际象棋上摆放八个皇后,使其不能互相攻击,即任意两个皇后都不能处于同一行、同一列或同一斜线上,问有多少种摆法",让学生们以小组为单位合作,通过摆一摆,极大程度激发探究兴趣;在记录摆法的同时,学生要做到不遗漏、不重复、有序思考,让"有序"和"有趣"在课堂中互相发生作用。

智力学具的使用使得创新思维课堂与传统教学课堂相比,教师始终以学生为主体,提供学生观察发现、动手操作、独立思考以及探究归纳的机会,让学生在趣味活动中有序、有的地进行思考,提高课堂效率。

(二) 聚焦核心素养,让课堂在"有序"中"有效"

1. 结合数学的严谨性与思维的缜密性,加强推理意识

数学的严谨性表现为数学的公式化、理论化,在推理出数学结论的过程中应符合逻辑要求。为了有效培养学生的推理意识,创新思维课程选取的学具均蕴含数学概念,教师在授课过程中积极引导学生理解数学概念,搞清内涵与外延,在实际操作与运用的过程中,也做到有理有据,抓住事物的规律与本质。例如,五年级课程"断九连环"中九连环的拆解与组装,其数学知识为数列概念的运用,但对于小学生来说可能在理解上有一定的难度,所以引导学生通过学具的反复操作发现规律,在有序的操作过程中将其整理为按奇偶排列的规律,从而可推理归纳出通用公式。在活动的过程中,有意识地帮助学生提高思维的缜密性,从而从容不迫、有条不紊地解决数学问题。

2. 结合数学的多样性与思维的发散性,学会解决问题

数学的多样性是指对于一个数学问题的解决,并不是只有一种方法。同一问题,从不同方向出发,也可以得到同一结果;还有一些问题,并不是只有一个结果存在,需多方位思考,作全面分析。这是我们常说的一题多解、一题多变、一题多问、一题多答。发散思维是创新思维的核心,发散思维是对已知信息进行多角度的思考,从而提出新问题、探索新知识、发现多种解答或多种结果的思维方式。因此在创新思维课堂中,以学生为主体开展自主探究活动,充分激发学生的探索热情,鼓励学生积极动脑思考,进行发散思维,使学生在解决问题的过程中,养成爱思、善思的好习惯,最终起到举一反三、融会贯通的作用。

3. 结合数学的模型性与思维的灵活性,深化模型意识

数学的模型性是指将数学问题归纳整理,进而模型化的过程。在数学教学中,应注意培养运用基础知识和基本技能处理问题的能力,让学生头脑中逐渐建

立起足够的数学模型,进行分析、处理、总结、归纳,厘清各种量的关系。我校创新思维课程被分为多个类别,具体为:逻辑问题处理、平面图形的应用、立体图形的应用等。这都是为了创设有序的课堂,让学生形成一定的数学典型问题概念,进而在处理问题时,可以展开思维联想,提取数学模型,充分提升思维敏锐度,以及能灵活变换思路。

(三)立足课程特点,让课堂在"有效"中"有序"

1. 知识水平的拓展

虽然小学阶段的数学课本知识已经为拓展思维打下一定基础,但是本课程在纵向上继续有所拓展,在原有小学数学学习内容与提升思维水平之间架起一座桥梁。例如,课程里"解方程"中的移项问题、"图形旋转"中的中心旋转问题、"平均数"中的数据分布问题等为思维的拓展内容,同时为六年级第二学期"方程与方程的解"章节、七年级第一学期"图形的运动"章节、九年级第二学期"基本的统计量"章节的学习做了知识铺垫,让"有效"的课堂为学生建构"有序"的知识网络系统。

2. 学习方法的转变

小学生依赖性较强,主动学习的意识薄弱,许多学习方法需要在教师的指导下进行。我们在小学数学课堂中虽然已经渗透了一些数学思想以及方法,但是教师还是以完成教学内容为目标,放手给学生的时间有限。本课程会把更大量的时间留给学生,让他们去探索解决问题的方法,在这样的实践过程中总结归纳出学习数学的方法。例如,课程中《鸡兔同笼》一课就包括列表法、假设法、公式法、方程法等多种探究方法。通过掌握这么多的学习方法,学生们能够举一反三、拓展思维的有序性与发散性。

三、实践反思

(一)挖掘更多资源

目前针对本课程我们团队开发了学具资源包、微课、优质课教学视频、教案设计等资源,但是使用率以及使用效果不太理想。如何开发更多的资源,如配套的课程作业、学具操作的教学视频、课堂探究活动单等,并且把这些资源投入使用,提高课堂效率,是我们仍需研究的问题。

(二) 完善评价体系

本课程大多数的活动都以小组为单位开展,在评价时一般以小组的自评与教师口头评价相结合的方式进行,忽略了对学生个体的评价。后续我们将结合教学内容,有针对性地设计与一般数学课堂不同的评价单,除了对小组合作进行过程性评价,各评价指标也将围绕本课程的教学目标,重点对学生思维能力的提高进行多种方式、多重维度的评价。

(三) 融合其他课程

本课程隶属于拓展型课程,我校可持续发展和谐课程中还有基础性课程和探究性课程,与这两类课程融会贯通,发挥课程最大化价值,真正让学生得到全面发展、可持续发展,是我们团队需要进一步沟通、找到课程共通点、调整课程教学内容的一个必要过程。随着课程改革,如何在课程中开展跨学科教学也是需要进一步思考与实践的。

新课标和新教材背景下初中英语"四有课堂"的构建与实践

上海市北蔡中学　秦光耀

一、引言

（一）研究背景

《义务教育英语课程标准(2022年版)》(以下简称"新课标")为初中英语教学带来诸多变革。课程目标上，多维度培养学生核心素养，促使教师设计综合关联活动。教学内容方面，主题引领单元教学，要求整合知识与资源构建教学体系。教学方法需采用以学生为中心的方式，教师需转变角色以为学生提供探究合作机会。评价体系注重素养立意，过程性评价与终结性评价相结合，教师要设计多元评价任务。在此背景下，初中英语"四有课堂"应运而生。"有序"，规范教学流程；"有的"，明确目标方向；"有效"，聚焦学习收获与核心素养达成；"有趣"，激发兴趣动力。"四有课堂"适应时代与改革需求，有助于提升教学质量，促进学生核心素养培育，使初中英语教学在新课标的引领下更好地发展进步，以应对新要求与挑战。

（二）研究目的与意义

在初中英语教学中，"四有课堂"的实践有着多方面的具体举措及重要意义。教师确定精准教学目标时，立足于新课标、教材与学情，其意义在于使教学有方向，助力学生知识技能提升与核心素养发展。有序课堂通过精心设计教学流程，如词汇按呈现、讲解等顺序，语法依规则讲解到实践运用步骤，为学生构建清晰框架，助其构建知识体系，培养严谨态度与思维习惯。有效课堂可切实提升教学效率，如口语教学采用小组讨论、角色扮演等方式并借助现代教育技术，能锻炼学生合作学习等能力，拓宽文化视野，增强文化意识，让学生获得成就感，激发学习兴趣。总之，初中英语"四有课堂"实践是提升教学质量的关键，对提高效率、激发兴趣和培养核心素养作用显著。

二、"四有课堂"内涵解析

（一）"有的"课堂

新课标确立的核心素养总目标，与"有的"课堂强调的目的明确高度契合。教师在英语教学时，需以核心素养为指引，如英语阅读课，不能仅停留在词句理解层面，而应着重培养学生推断、归纳等思维品质，将教学目标深度融入学科核心素养培育中。同时，课程标准中蕴含的立德树人理念在教材素材里多有体现。教师在教学中，可借助中外文化交流、价值观引导类素材，开展"有的"式教学。例如，介绍西方节日时，引导学生对比中西方文化差异，使其在提升跨文化意识过程中，学会尊重多元文化，从而落实立德树人根本任务，使得教学目标精准且有深度。

（二）"有序"课堂

新课标要求教学契合学生认知规律，这在"有序"课堂中得以彰显。以语法教学为例，教师应从基础语法规则讲起，历经例句展示、学生模仿练习、小组合作纠错等环节，依序引导学生掌握知识，既规范教学流程，又助力学生构建知识体系。此外，课程标准对学习策略培养的重视也是"有序"课堂的体现。在词汇学习方面，教师引导学生依读音规则记忆单词，借助制作单词卡片、分类词汇等有序方式，培育良好学习习惯与品格。师生互动时，如英语对话练习中，教师纠正学生发音与表达错误，营造有序积极的课堂氛围，使教与学都有条不紊地推进。

（三）"有趣"课堂

新课标对文化教学的注重为"有趣"课堂提供了思路。教师可开展文化体验活动，如介绍英国茶文化，可准备英式茶点，让学生在品尝中学习英语词汇与表达,使课堂妙趣横生,增进师生互动与情感连接。结合教材内容的情境教学法也能让课堂充满趣味。例如,教授购物主题时,在教室模拟超市购物情境,让学生扮演角色用英语交流。这种贴近生活的方式,能激发学生学习热情,使其在富有激情的氛围中迎接学习挑战,感受英语学习的乐趣与魅力。

(四)"有效"课堂

新课标强调教学评价的多元性与有效性,这是衡量"有效"课堂效能的关键。教师可综合运用形成性与终结性评价手段,如课堂提问、小组作业、单元测试等,及时掌握学生学习动态并调整教学策略。以口语评价为例,依据课程标准的口语能力要求,对学生发音、流利度、表达准确性等方面进行评价,既能促进学生口语能力提升,又能让教师反思教学效果,增强教学自信,使师生在评价过程中建立成就感与归属感,实现共同成长,提升课堂教学整体效益与质量。

三、"四有课堂"实践案例分析

(一)案例选取

义务教育教科书(五·四学制)英语六年级上册 U4 Writing Sports moments。

(二)案例实施过程

本单元写作任务为"Sports moments",此前的视听、口语和阅读三部分很好地为写作做好了铺垫和素材支持,学生通过上述内容的学习,在预知写作内容的同时,也明确了写作任务和文本体裁。

D1 环节活动定位是写前思考。教师引导学生先通过快速浏览范文内容,关注范文大意,回答 D1 中的问题"What does she write about?"为 D2 的细节信息和 D3 的构思写作框架做好铺垫。如学生对于部分词句(如"We are down by one goal.""We tie the game."等)理解有困难,教师可引导学生进行猜测:通过"He scores two points."可以知道王一鸣同学进球得了两分,帮助队伍拉平了比分,那

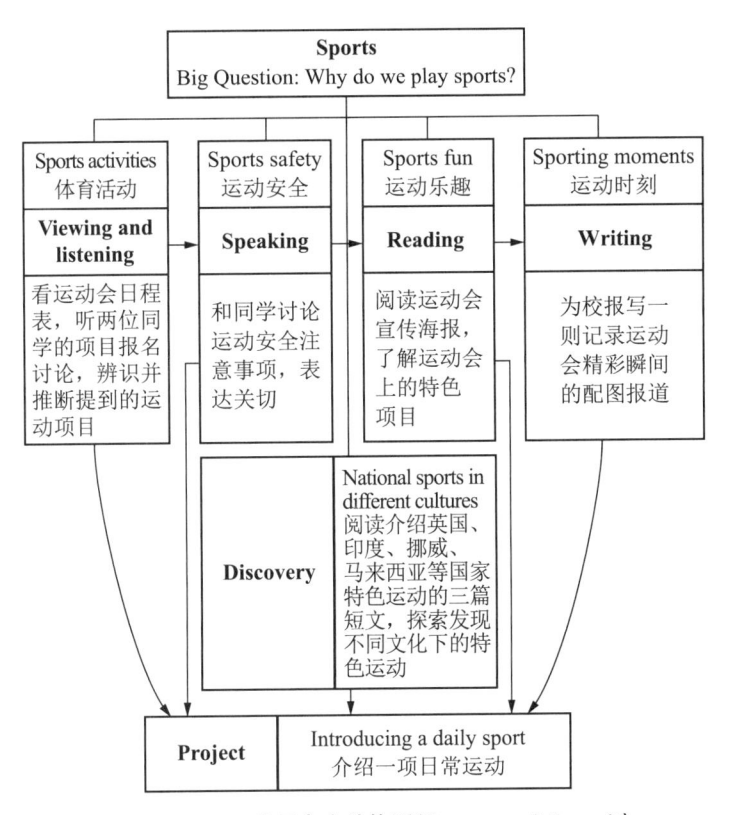

```
                    Sports
        Big Question: Why do we play sports?

Sports activities   Sports safety   Sports fun      Sporting moments
体育活动             运动安全         运动乐趣         运动时刻

Viewing and         Speaking        Reading         Writing
listening

看运动会日程         和同学讨论       阅读运动会       为校报写一
表,听两位同         运动安全注       宣传海报,       则记录运动
学的项目报名         意事项,表       了解运动会       会精彩瞬间
讨论,辨识并         达关切          上的特色项       的配图报道
推断提到的运                        目
动项目

                    Discovery       National sports in
                                    different cultures
                                    阅读介绍英国、
                                    印度、挪威、
                                    马来西亚等国家
                                    特色运动的三篇
                                    短文,探索发现
                                    不同文化下的特
                                    色运动

        Project     Introducing a daily sport
                    介绍一项日常运动
```

Unit 4　Sports 单元内容结构图(Structure of the unit)

么可以推断出一开始是落后一个球。

D2 环节活动定位是写前准备,旨在帮助学生把握本单元的写作内容要素和写作要点。教师组织学生细读范文,勾选出校报报道有关时间、地点、运动项目和人物的信息,并画出表示动作的动词,指导学生归纳出描写运动会精彩瞬间通常具备的要素。如果学生在画出文中的动作动词时有困难,教师可邀请接受程度较好的学生示范,帮助其他同学理解该动作动词的意思。对于学有余力的学生,教师可以补充更多描述运动瞬间的动作动词,如 speed(加速)、kick(踢)、throw(投/扔)、catch(接)、swing(挥动/摆动)、slide(滑行)、bend(弯曲/俯身)、stretch(伸展)等。

D3 环节活动定位是写前构思。教师引导学生根据话题,结合给出的框架结构展开头脑风暴,确定 3—4 个行文要点,并以草稿形式列出一些相关语言表达。注意在描述图片上某人正在做某事时,用现在进行时态。教师可根据学情,提供

相关内容的语言支架,如给出单词或者短语,帮助学生进行表达。教师也可以提供一些运动会上的照片,让学生先描述再写作,描述时也可以一起列出相关的动词词组。

D4 环节,教师请学生基于前期的写作准备,在学生用书提供的写作文本框内完成写作。写作文本框中已提供了部分提示词,如"Throw(投、扔),Slide(滑行)"提示学生可参考 D3 的问题入手,根据提示词"Look!"用现在进行时态描述照片中正在发生的动作。学生的写作困难点可能是描写一个精彩瞬间。教师可以通过以下步骤帮助有困难的学生:

(1) 引导学生选择一个他们熟悉且感兴趣的运动项目,帮助确定一个具体的精彩瞬间,如一个关键的进球、一个紧张的比赛时刻或是一个运动员的出色表现。

(2) 引导学生仔细回忆这个精彩瞬间,注意运动员的动作、表情、周围环境以及观众的反应。这些细节可以帮助他们更生动地描绘这个瞬间。

(3) 指导学生使用生动、形象的词汇和短语来描述这个瞬间。可以使用动词短语来描述运动员的动作,如 sprint towards the goal(冲向球门)或 leap into the air(跃入空中)。同时,也可以使用形容词和副词来增强描述的生动性,如 swift(迅速的)、exciting(令人兴奋的)等。

最后,教师也可以提醒学生注意句子的结构和语法,并整合句子,润色整体描述,确保语言准确、生动且富有感染力。

D5 环节活动定位是写后检查。教师引导学生参照 TEEN Skill 栏目的动作动词描述检查自己的作文初稿并修改,有意识地养成写后自查的习惯。教师请学生分组活动,分享彼此的报道,并开展评价。另外,教师为学生提供针对本课写作任务的个性化评价量表,请学生对照此表评价自己和他人的任务完成情况,结合同伴互评和教师点评,思考改进方案。

学生在知识与技能方面进步明显。精准掌握运动会报道类文章写作要素,从时间、地点到运动项目、人物动作等描述准确无误。构建写作框架时逻辑清晰,层次分明。熟练运用动作动词(如 kick、throw 等)和描述性词汇(如 swift、exciting 等),灵活使用现在进行时态,生动展现运动会精彩瞬间,独立完成高质量作文。

如描写足球比赛,"The player is sprinting towards the goal with the ball at his feet."清晰呈现运动员状态。

情感态度与价值观积极发展。体育运动热情高涨,深刻体会运动乐趣与强身健体重要性,运动安全意识增强。小组合作评价作文中,学会欣赏他人、接纳建议,养成良好学习习惯,团队合作精神得以培养,综合素质得到全面提升。小组讨论时积极分享运动感受,相互鼓励,评价作文客观公正,共同进步。

教学环节设计科学有序。从 D1 写前思考到 D5 写后检查,环环相扣:D1 浏览范文了解文章大意;D2 细读挖细节与要点;D3 头脑风暴构框架;D4 根据框架准备写作;D5 检查评价完善。符合学生认知规律,助力学生写作能力稳步提升。

通过学习与写作实践,学生体会到运动的魅力和意义,热爱运动且安全意识提高,形成健康生活态度,利于全面发展。主题贴近生活,激发兴趣。"Sports Moments"主题与学生生活紧密相关,范文与任务引发共鸣。教学活动有趣,学生融入情感体验,写作不再枯燥。

Suggested evaluation checklist

方面	标　　准
内容	围绕"运动会报道"这一主题展开,突出运动会的精彩瞬间(Does the sprots report focus on a sporting moment?) 回答了 D3 提出的三个问题(Does the report answer the three questions in D3: What sport is it? Who is in the picture? What is/are the person(s) doing?)
结构	结构清晰,从描述背景到某一个运动瞬间(Does the report follow a clear structure, from describing background information to a specific moment?)
语言	使用正确恰当的动作动词进行描述(Does the writer use action verbs correctly and properly?)

四、结论

在本次围绕体育主题展开的单元写作教学中,"四有课堂"理念发挥了关键作用,效果也比较理想。

教学目标精准明确且针对性强,紧扣单元育人目标,以"人与自我""人与社会"相关子话题为依托,以"Why do we play sports?"为引领,让学生深入理解体育运动的多元价值,增强运动安全意识并塑造健康生活态度。

学生在各环节高效获取并运用知识,从 D1 感知内容结构,到 D2 积累素材与技巧,再到 D3 锻炼构思与组织能力,D4 综合运用知识创作,D5 反思改进,系统提升体育主题文章的写作水平。单元育人目标有效落地,学生在了解体育运动中激发热爱,强化运动安全意识,形成积极的生活态度,有利于其身心健康发展。

总之,本次以体育为主题的单元写作教学体现了"四有课堂"理念,目标精准、流程有序、趣味十足,学生进步显著,为初中英语教学树立了典范,有力推动教学质量提升与学生综合素养发展,为更多英语教师改进教学方法与策略提供了参考。

体育学科核心素养下"四有课堂"的实践探索

——以"初中肥胖学生体能练习"为例

上海市北蔡中学　陈　莉

近年来,随着生活水平的提高和生活方式的改变,初中肥胖学生比例逐年上升,这不仅影响他们的身体健康,还可能导致自卑心理、社交障碍等问题。肥胖学生往往因体能不足而在体育活动中感到挫败,缺乏参与积极性,形成恶性循环。因此,针对这一群体制定科学合理的体能提升计划显得尤为重要。初中体育课程标准提出培养学生体育学科核心素养的要求,即学生通过体育与健康课程的学习而逐步形成正确的价值观、必备品格和关键能力,包括运动能力、健康行为和体育品德等方面。结合我校"四有课堂"的教学理念,本文将从课堂的有的、有序、有趣、有效四个方面,探索在体育学科核心素养的引领下以"初中肥胖学生体能练习"为例的课堂实践研究。

一、"有的"课堂:明确教学目标与内容,是课堂教学的灵魂所在

1. 确立核心素养导向的教学目标

体育课堂教学需紧密围绕核心素养的三个方面设定教学目标。

核心素养	教学目标	肥胖学生体能练习教学目标
发展运动能力	设定提高某项运动技能水平、增强体能等目标	制订针对肥胖学生的个性化体能练习计划,注重循序渐进、逐步加量提升体能水平
培养健康行为	设定养成良好锻炼习惯、掌握健康知识等目标	通过养成良好的体能锻炼习惯、掌握健康知识、合理饮食等改善身体成分并实现减轻体重

(续表)

核心素养	教学目标	肥胖学生体能练习教学目标
塑造体育品德	设定培养团队合作精神、规则意识,增强意志品质等目标	通过制定提高团结协作、互帮互助、勇于挑战、自尊自信等方面的目标来塑造良好的体育品德

2. 精选核心素养导向的教学内容

为提升教学效果,通过引入模拟比赛、团队挑战以及利用多媒体网络等现代教学手段来丰富教学内容与形式。这些多样化的教学方法不仅能增强学生的参与度,还能有效培养他们的团队协作能力和竞争意识等体育品德。针对肥胖学生的体能练习,教学内容的设计需更加周全,需精心规划热身运动、力量训练、有氧运动及柔韧训练等多个环节。着重关注肥胖学生体能的全面发展,并在教学过程中融入运动技能与体能训练、心理健康与社会适应、自我挑战与创新精神、文化基础与审美素养以及责任担当与环保意识等多方面的核心素养培养。通过实施多元化的教学内容,更好地提升肥胖学生的综合素质及生活质量。

二、"有序"课堂:优化教学流程与组织,是课堂教学的规范所在

1. 科学规划核心素养导向下的教学流程

在科学规划教学流程时,应紧扣体育学科核心素养的三个关键方面来进行。整个教学过程应确保各个环节之间衔接紧密,过渡自然,以维护教学流程的流畅性和整体性。以肥胖学生的耐力训练为例,在新课导入阶段,教师清晰地向学生阐述本节课需克服的重点和难点。在布置训练任务时,实施分层和分类策略,通过快速步行、缓慢跑、中速跑以及障碍跑等循序渐进的方式,逐步加速学生体内的有氧新陈代谢,有效促进多余脂肪的燃烧。这样的教学方法不仅有助于提升学生的体能水平,还能增强他们的自信心和运动技能,从而实现核心素养的全面提升。

2. 合理组织核心素养导向下的教学活动

组织具体的教学活动也要根据核心素养的三个方面,再结合教学内容和学生

特点。首先要选择合适的教学方法和手段,如情境教学、合作学习、自主探究等;另外要合理安排教学时间和练习密度,确保学生有足够的时间进行技能练习和体能锻炼;最后更要注重课堂管理,维持良好的教学秩序,确保教学活动的有序进行。如肥胖学生体能中的力量训练,因为他们的体重较重,可以通过仰卧位的腹肌锻炼、髋膝关节屈曲向前位的腰背肌和臀肌运动等,增强肌肉力量,改善身体形态,达到应有的训练效果。另外俯卧撑、小推车等力量练习,可以让学生相互合作完成。

三、有趣课堂:激发学习兴趣与动机,是课堂教学中师生间的一种相互吸引

1. 结合核心素养来创设趣味化的教学情境

结合核心素养来创设趣味化的教学情境是一种有效的教学策略,旨在激发学生的学习兴趣,从而培养他们的综合能力。肥胖学生在体能练习上有着先天的劣势和惰性,我们可以将体能练习融入角色扮演或情景剧中,如模拟消防员进行体能训练、扮演运动员进行热身和拉伸等,通过角色扮演,激发学生的想象力、创造力和坚忍不拔的意志品质,从而提升学生的体能水平。

2. 结合核心素养来运用多样化的教学手段

通过设置符合核心素养的多样化的教学手段,激发学生的学习兴趣和参与度。手段应贴近学生生活实际,具有趣味性和挑战性,能够引发学生的思考和探索,从而不仅让学生学习和运用体育知识,更培养他们的运动能力、健康行为和体育品德。如组织肥胖学生进行体能中的耐力训练时,可以让他们跟着视频音乐跳有氧操、定向越野跑、模拟比赛、团队挑战等,丰富教学内容和形式,从而提高教学效果。如在操场上设置一系列"宝藏点",每个点都设有不同的体能挑战(如跳绳、俯卧撑、仰卧起坐、快走等),引导学生通过团队合作寻找宝藏,培养团队协作能力;完成挑战提升体能,培养坚韧不拔的精神。

四、有效课堂：提升教学效果与质量，师生共同建立教与学的成就感与归属感

1. 结合核心素养来实施精准教学评价

从核心素养入手，建立科学、全面的教学评价体系，对学生的运动能力、健康行为及体育品德进行综合性的评价。以教师为主的评价、适当引导学生进行自评和互评的评价、结合过程性评价和综合性评价等，都可以从核心素养的三个方面进行：针对体育与健康认知方面的评价，可以采用书面测试、教师口头上的评价方式；对运动技能进行评价时，要了解运动技能的主要特征或者动作特征，制定一定的评价标准，引导学生自评或者互评，了解自己的技术是否正确，进而进行修正；体育情感方面的评价涉及的维度较多，包括学生的运动参与、兴趣、爱好、社会适应等方面，具有不可测量性，波动性较大，这要求运用过程性评价和综合性评价。对于肥胖学生来说，评价的时候最重要的是要看到他们的进步和努力，然后及时给予肯定的同时，鼓励他们继续努力，即使遇到挫折也不轻易放弃，而不是仅仅关注他们的体能水平；观察他们在面对困难和挑战时的态度，激发学生的斗志和毅力，从而保持积极的心态和健康的生活方式。

2. 注重核心素养下的教学反思与改进

在核心素养视野下，体育课堂教学需要从教学目标、教学内容、教学方法和课堂效果等方面进行深入反思和改进。只有及时反思教学过程中的问题和不足，将核心素养融入体育教学中，不断总结经验教训，并不断改进教学方法和手段，才能更好地提升学生的运动水平，促进他们个体发展。

以我教的某班为例，该班肥胖学生较多，针对这些肥胖学生进行了为期数月的体能训练。通过个性化的训练计划和多样化的训练活动，大部分认真努力的学生体能得到了显著提升，运动兴趣和参与度也得到了提高。通过对这些学生训练前后的身体数据、心理状态和课堂表现进行评估，发现他们的体能水平、心理状态和自信心、意志品质等都有了明显改善。但是也有小部分学生进步很慢，甚至原

地不动,那就要求我们进行总结反思、改进和再实践。

综上所述,"四有课堂"实践在体育学科核心素养的引领下,通过明确化目标、有序化流程、趣味化内容、有效化评价这四个方面的积极探索,不仅显著提升了学生的运动技能和身体素质,更重要的是全面培养了学生的健康行为和体育品德,为学生的全面发展奠定了坚实的基础。这一实践有力地推动了体育课堂向更高质量、更高效率的方向迈进。

第三部分
"四有":探索"评价促进发展"的好机会

如果我们将一堂"好课"定义为"'教'与'学'两根流畅线条组合成和谐交响曲"的话，人们自然会问：如何来评价这首"交响曲"是否和谐呢？——这就涉及评价。

我们知道，新一代"教育评价理论"提出了"评价也是学习"的理念。按照这一认识，将评价融入课堂教学的实践，不仅有助于促进学生的学，也有助于促进教师的教学反思和专业成长。《义务教育课程方案(2022年版)》和《义务教育体育课程标准(2022年版)》(即"双新"方案)也对此提出了改革的方向和明确的要求——关键还是"如何落地"。

"四有课堂"的提出，为我们将"评价融入课堂教学"提供了思路。随着时间的推移、案例的积累以及对其内涵的充实和深入解读，我们越来越感受到它的作用。

这里所选的5篇案例，是教师们对自己的实践初步总结的结果。所涉及的范围和领域有限，对"如何来评价这首交响曲是否和谐"的回应还稍显不足。在这里，更多的是为了抛砖引玉，以此引发更多的实践和思考，使其真正成为促进师生成长的动力源。

基于"四有课堂"的教师评价素养的实践研究

上海市北蔡中学　教师评价素养课题组[*]

一、问题的提出

对于提升教师评价素养,我校面临的突出问题、困惑和需求主要包括以下几个方面:

(一) 教学评价的意识不足

在日常的教学中,教师的教学改进很少是从教学评价入手的,导致目前的课堂教学缺乏必要的手段,不注重引导,不注重学生的学习经历,缺少课程意识与规划,教学效率相对低下。对教学评价的认识不足,关注度不高就很难形成良好的教学生态和教育文化氛围。

(二) 课堂教学改进缺乏明确的标准、依据或支架方法

提升教师评价素养需要有明确的标准和方法来衡量教师的教学能力、专业素养和教育教学质量,但目前我校课堂教学经常是为提问而提问,为讨论而讨论。这样的课堂可以说形式有余而内容不足、活动有余而严谨不足。缺乏统一的评价标准、依据或支架方法,导致评价结果不准确或不公正,无法提供给教师有针对性的反馈和指导,不能帮助教师改进教学方法和提升教学质量。

---

[*] 上海市北蔡中学教师评价素养课题组主持人:史炯华。课题组主要成员:文剑锋、葛筱宁、康樱、康伟、化兰、张陆晨、张秋、卫骏超、范丽、钱杰。

(三) 教学评价出现较严重的主观性与偏见

教学评价要避免评价过程中的主观性和偏见，确保评价结果的客观性和公正性，才能有助于提升教师的专业素养和教学评价素养水平。然而，我校在评价过程中，评价者有较强的主观性和偏见，建立科学公正的评价机制，确保评价结果真实反映教师的教学能力和素养，从而提升教师的专业素养和教学评价素养水平，是我校目前的一个重要需求。

二、指标落实

(一) 明确我校落实的教师评价素养指标——"四有"

教师课堂评价素养是指教师对于师生的课堂表现进行评价时所具备的"为何评"的评价价值取向、"评什么"的评价理念以及"如何评"的评价知识和技能等综合素质。

《义务教育课程方案和课程标准（2022年版）》指出："依据学生终身发展和社会发展需要，明确育人主线，加强正确价值观引导，重视必备品格和关键能力培育。"可见，核心素养是学生通过课程学习逐步形成的正确价值观、必备品格和关键能力，是课程育人价值的集中体现。核心素养具有鲜明的综合性和整体性。课堂教学本身就是复杂多变的，课堂教学评价也应是多元的、全面的、综合的。

我校基于"双新"的精神，提出了以核心素养为导向的有的、有序、有趣、有效的"四有课堂"教学模式，倡导教师有智慧地教、学生有个性地学，通过创设新的教学模式来实现教与学的认同感。

"四有"包括有的、有序、有趣、有效四个维度。

"有的"就是有目的、有目标，它是课堂教学的灵魂所在，它根植于"立德树人"的根本任务，落实于学科课程目标的实现，成就于学生核心素养的养成。它依据于《"基础教育'教师评价素养'模型构建与区域应用的行动研究"》课题成果——〈浦东新区中小学教师评价素养关键能力通用指标（1.0版）〉》中维度一（提升课堂教学质量）关于"目标制定"的二级指标——根据"双新"课程标准与教材内容,设计明确清晰的课堂教学目标。①

"有序"不仅是有秩序,更是有逻辑,它是课堂教学的规范。它既规范于教师的教,也规范于学生的学。它呈现于教师的教学风范、学生的学习品格,以及师生间良好的互动氛围。它依据于《"基础教育'教师评价素养'模型构建与区域应用的行动研究"课题成果——〈浦东新区中小学教师评价素养关键能力通用指标(1.0版)〉》中维度一(提升课堂教学质量)关于"目标制定"的二级指标——明晰教学目标与学业质量标准之间的关系,对教学目标有明确的预期。②

只有明晰了教学目标与学业质量标准之间的关系,才能设计符合学习逻辑的教学环节,才会促进教学步骤紧凑而张弛有度,使教师教学过程规范化,使学生学习经历条理化,让师生之间充满有序、民主、和谐的教学互动氛围。

"有趣",是课堂教学中师生间的一种相互吸引。它生动于教师富有激情的讲授,激趣于学生对学习任务发起的挑战,它贴近学生的生活,并让他们有感于学习的体验。它依据于《"基础教育'教师评价素养'模型构建与区域应用的行动研究"课题成果——〈浦东新区中小学教师评价素养关键能力通用指标(1.0版)〉》中维度一(提升课堂教学质量)关于"评价设计"的二级指标——评价任务的设计,提倡师生共同参与,要具有情境特征、可检测性、易于学生理解。③

贴近学生生活的情境创设,是为了激发他们的学习兴趣和求知欲,使学生主动地、积极地投入学习活动。它贯穿了师生共同互动、共同参与、共同探究的整个学习过程。

"有效",是课堂的效能,更是师生共同建立起来的教与学的成就感与归属感。因为它触发的是教师教学的自信力,以及学生对课堂学习的使命感。它依据于《"基础教育'教师评价素养'模型构建与区域应用的行动研究"课题成果——〈浦东新区中小学教师评价素养关键能力通用指标(1.0版)〉》中维度一(提升课堂教学质量)关于"目标制定"的二级指标——能引导学生了解教学目标及相应教学任务与方法策略,达成师生共识。④

有效的课堂得益于师生对教学目标、教学任务与教学方法策略的共建、共识、

---

① ② ③ ④ 来自李百艳"基础教育'教师评价素养'模型构建与区域应用的行动研究"市级课题成果。

师生双方在这样的互动中获得对教学的理解,凸显出学科的内涵,这样不仅能达成教学的效能,而且教的成就感与学的归属感也会随之相辅相成,使各个层次、各个层面的学生都能有所收获、有所提高。

我们从这四个课堂教学评价维度出发,在教学设计、教学过程与方法、教学的达成度等方面,致力于提高教师教学自我评价与同伴互评的能力。从四个不同维度出发,来实现富有生命力和创造力的教学活动,提升教师的专业素养,培养学生的核心素养,从而实现全面而有个性的自主发展。

(二) 明确课题研究目标

1. 构建有助于教师教学评价素养养成的文化氛围,促进教师养成课堂教学评价的意识。

2. 为教师提供研究课堂教学评价的行动支架,提供可操作性的评价基础知识和评价技术指导,逐步形成制度化的评价规范。

3. 探索教师课堂教学评价的主要内容和方式,完善"四有"课堂的教学评价标准。同时提升教师的专业素养和教学评价素养水平。

三、实施举措

(一) 现有基础

学校在关于"课程建设"的两轮区级课题实践中,已形成了较为成熟的课程评价体系,包含了"课程评价""学生评价""教师评价"三个方面,并形成了"需求—满足""规范—科学""可行—绩效""反馈—改进"的四个评价维度。其中,"教师评价"方面逐步建立了以教师自评为主的评价模式,在一定程度上也形成、积累了教师评价素养。

目前,我校对于"四有课堂"教学模式进行了初步的实践和研究,教师对于课堂教学目标的明确、教学内容的选择、教学方式的多样化等方面进行了积极的探索,并有了一定的成效,为课堂教学评价方面的研究打下了坚实的基础。

在课堂教学方面，教师的评价素养主要体现在对课堂教学的自我反思，教师们的多篇文章在杂志上发表，如葛筱宁老师的《语文阅读教学要教给学生什么——以〈散步〉一课为例》、张陆晨老师的《一堂课的"诞生"——以考评课〈盼〉为例》、钱杰老师的《关注数学学科"工具性"——中考新政背景下北蔡中学数学学科优化教学的几个思考》、李妍春老师的《浅谈初中美术教学评价》等。

（二）具体措施

1. 帮助教师确立正确的评价价值取向

通过教工大会、三长会议、教研组和备课组活动等组织学习，进行多方位宣传，构建有助于教师教学评价素养养成的文化氛围，促进教师养成课堂教学评价的意识。

2. 解决课堂教学评价的理念问题

加强教师对于《义务教育课程方案（2022年版）》以及学科课程标准（2022年版）的学习及研读。一切教学改革必须以课程标准为导向，教师教学评价素养也不例外，我们必须聚焦培养学生的核心素养，在推进学校"四有课堂"建设的基础上，以提升教学实效为目标，开展教师教学评价素养的研究。

3. 开展各级"教师课堂教学评价"主题培训

通过邀请专家开展"教师课堂教学评价"的主题培训，为教师提供研究课堂教学评价的理念和行动支架，同时，给教师提供可操作性的评价基础知识和评价技术指导，使每一位教师都能具备一定的研究基础。

4. 全校教师共同参与，寻求学科突破

本课题研究采用全校教师全员参与模式。目前，我校对于"四有课堂"教学模式进行了初步的实践和研究，各学科也在不断寻求突破。一切研究必须从教学实际出发，基于现实的教学情况进行研究，为解决教学中的实际问题寻找有效的方法，才有其价值。

语文教研组提出了"问题化的教学设计"，将问题作为整个课堂的生命主线，让每位学生在课前预习时，将自己的困惑、疑虑通过问题的方式"问出来"，随后在课堂上学生们互相解答、教师分析提示,从而做到有针对性地"学",让学习变得更为"有的"。

物理教研组以"物理声音"为出发点,开展项目化的教学探索,由点及面,再由普及到专题,不仅有了"如何让船装得多""近视眼的预防和矫正"等力学普及项目、凹凸透镜普及项目,还形成了"小型音乐会"等专题项目,在"有序"中推动着"教与学"的生成。

化学教研组引进"生活"元素,设计"生活情境","葱汁写密信""葡萄干跳舞""水中花园"等一个个有趣的实验让学生一探究竟,相信每个学生都在"发现—探索—成功—再发现"的过程中,体验到了成功的乐趣。

数学教研组充分发挥"微课"的课堂辅助效能,通过网络平台,在无限次的重复回放教学内容的过程中,满足不同学生的个性化需求,更是将知识点进行精准切割,最大程度调动学生的学习兴趣和积极性,让学习变得真正"有效"。

我校的学科教师对于课堂教学目标的明确("有的"),教学内容在学习逻辑方面的选择与排序("有序"),教学方式的互动、多样("有趣")以及教与学的探究所形成的课堂效能("有效")等方面进行了积极、有益的探索实践,为课堂教学评价的研究提供了大量的宝贵经验,打下了坚实的基础。

5. 组织一系列教学展示与主题研讨活动

近两年来,我校围绕"四有课堂"的创设,提升教师教学评价素养,有目的、有计划、有重点、有步骤地组织了一系列专项的教学展示和主题研讨活动。一个活动侧重一个维度。

(1) 以"核心素养为引领,学科德育立课魂"为主题的青年教师教学评比活动

2022学年第一学期,我们重点围绕"有的"这个维度,开展了以"核心素养为引领,学科德育立课魂"为主题的青年教师教学评比活动。

全校46位青年教师悉数参加了本次活动。围绕着"学科德育渗透"这个大目标,结合学科特点和教学内容,进行课堂教学设计和教学展示。活动还邀请了学科专家们担任评委,他们为每位青年教师的课堂教学进行了问诊式的评价。

本次活动我们主要是通过专家评委的示范、引领,为教师们树立正确的评价

导向,提升教师的教学评价素养。同时,这个活动也催生了"上海市北蔡中学'四有课堂'学科德育双维度评价表",为教师课堂教学评价提供了支架。

更可喜的是,15位青年教师在2022年浦东新区中小学"学科德育精品课程"征集活动中分别荣获了一等奖、三等奖。

(2) 以"探索'四有课堂',提升教学效能"为主题的教学展示和研讨活动

2022学年第二学期,我们重点围绕"有趣"这个维度,开展了以"探索'四有课堂',提升教学效能"为主题的教学展示和研讨活动。

本次活动为期两周,共15位教师参加。围绕"有趣"这一维度,教师们各显神通:有的设置有趣的情境,有的采用问题化教学,有的请学生参与实验设计,有的利用pad教室的多媒体方式……积极探索如何增强课堂的趣味性和互动性,用自己的实践探索,诠释了对"有趣"这个维度的理解。通过有趣的课堂,吸引学生,提升教学效能。

同时,各教研组邀请北蔡学区的兄弟学校一起参与,利用"上海市北蔡中学'四有课堂'评价表"的评价维度和指标,积极开展磨课、听课、评课活动和主题研讨活动。在探索打造"四有课堂"的有效路径的同时,进一步提升教师教学评价素养。

(3) 围绕"有序"维度,开展基于"四有课堂"的教师教学评价素养的实践研究

2023学年第一学期,我们重点围绕"有序"这个维度,开展基于"四有课堂"的教师教学评价素养的实践研究。通过优秀教师的辐射和引领,带动教师整体的教学素养的提升。

本次活动由13位教研组的高级教师、骨干教师开设示范课,为组内教师示范如何有序地组织教学过程,从而更好地达成教学目标。

各学科教研组以组内示范课为蓝本,组织教师评课和教研。本次活动旨在通过开课教师的自评、组内教师的互评来提升教师的教学评价素养。同时通过研讨,进一步完善、细化"上海市北蔡中学'四有课堂'评价表"。

(4) 围绕"有效"维度,开展基于"四有课堂"的教师教学评价素养的实践研究

2023学年第二学期,我们重点围绕"有效"这个维度,继续开展基于"四有课

堂"的教师教学评价素养的实践研究。

本次活动各教研组通过一年来对于教师评价素养和"四有课堂""有效"这一维度的实践和探索,推荐一节课例进行教学展示。通过前期组内磨课,探索教学策略的有效性。再通过教学展示活动,全体学科教师进行基于"四有课堂"的教师教学评价素养的实践研究。

经过两年的实践探索,我们完成了对"四有课堂"的一轮行动研究和教学探索。这一系列教学展示与主题研讨活动为"四有课堂"的教学评价补充了大量的评价工具与评价指标,有力地提升了教师教学评价素养。

6. 开展全校教师的主题研讨和评价活动

学校各个教研组每学期都围绕着课堂教学的实际问题开展主题研讨活动,由各教研组长牵头,每一位教师都参与研讨。各教研组可以通过校本研修平台开展"新课程标准"和"课堂教学评价"等主题研讨,组织每位教师参与研讨,积极学习和思考,发表自己的看法。教师每学期通过校本研修平台发布自己的案例课,围绕本学期的研讨主题进行教学实践,并进行反思总结。组内教师乃至全校教师都可以参与听课和评课。我们通过"四有课堂"案例课的开设,开展"教师教学评价素养"的主题研讨活动,总结教学规律和经验,探索教师课堂教学评价的主要内容和方式,完善"四有课堂"的教学评价标准。教师们对于课堂上授课教师的教学活动和学生的学习活动进行观察和记录,通过课堂观察来梳理课堂教学评价的内容和方式。围绕"四有课堂"教学评价指标,逐步探究教学共性问题和规律,总结经验。

教师的评价素养主要体现在对课堂教学的自我反思与同伴互评。我校为区校本研修学校,实施基于网络平台的校本研修模式。教师通过上案例课、撰写教学案例来实现自我教学评价,通过课后发帖评课来实现教师间相互的教学评价,这种模式也催发了教师的教学研究动力,为进一步系统研究打下了基础。

7. 面向学生开展"希望老师这样评价我"的意见征集活动

从学生层面,倾听学生的心声,了解学生的需求,以评促学,帮助学生成为更好的学习者。同时以评促教,探索更好的教学方式,不断完善"四有课堂"的内涵。

这样从教师的教和学生的学两方面来完善"四有课堂"的教学评价标准,形成多角度、多方位的综合全面的评价标准,提升教师的专业素养和教学评价素养水平,营造良好的校园评价氛围,树立全人发展的育人观。

8. 联动北蔡学区兄弟学校共同研究

我校是北蔡学区的领衔学校,我们也将本项研究扩大到北蔡学区这一更宽广的区域内,带动兄弟学校一起探索、共同研究。不仅辐射、共享已有的经验成果,而且引导区域内学生向更美好的发展方向努力,勾绘面向未来的育人模式,为学生们的未来发展铺好奠基石。

9. 相应的机制保障

项目团队由校长领衔,由教学研究中心、教师研修中心以及优秀的教研组长、骨干教师组成,有着强有力的研究力和领导力。

我校的校园网的"校本研修"板块,为主题研讨和案例课、研讨课的听课评课提供了良好的技术平台。

学校设立项目经费,为教师的学习交流和项目研究提供资金保障,并对积极参与项目研究的教师和获得研究成果的教师给予一定的绩效奖励。

四、典型案例

（一）案例背景

发展学生学科核心素养必然离不开课堂评价。随着课堂评价价值的日趋体现,探讨教师教学评价素养的内容,已然成为发展教师教育教学素养的当务之急。

传统的课堂教学评价往往来源于教师普遍存在的一种根深蒂固的教育理念,即重视"教"的评价,轻视"学"的评价,就是把"教师的教"等同于"学生的学",一叶障目,导致课堂效率低下,学生烦厌心理滋生,学科核心素养得不到稳步提升。

(二) 案例深描

首先,教师教学评价素养的养成是观念上的转变。教师要考虑有目的、有目标地在核心素养落实中注重学科育人,在课堂中应充分重视课堂生成,加强课堂教学的评价设计。

以观摩物理学科《杠杆》一课为例,教学设计明显经过团队多次打磨,做得几乎无可挑剔,然而课堂上学生眼神迷茫,只能回应一些浅层次的判断性问题,对深层次思考的问题一无所知,暴露出学生没有真正跟上教师教学节奏的事实。可见,教师在课堂教学前往往只重视教学设计,忽略了课堂评价方案,只是为完成教学流程而开展教学,并没有落实学生核心素养的养成。

相反,在《并联电路中电压的规律》教学中,当学生完成实验之后,教师询问学生在实验中还有什么不清楚的地方,学生你一言,我一语,教师都给出了合理的解释和回应,教师还把一些学生的生成性问题作为拓展性问题引发学生探讨。

课堂实录一:

教师:其他同学还有疑问吗?

学生:开关都断开了,电压表还有示数?

教师:我来做个演示。

(教师演示实验。)

教师:同学们,现在你们有答案了吗?

学生:当电压表接在开关的两侧,开关断开时,电压表与用电器串联在电源上,电压表中就有微弱的电流通过,所以电压表就有示数。

教师:还有其他可能性吗?

学生们一边大胆思考,一边科学求证,得出结论:1.电压表使用前没有调零,有时电压表比较老旧了会出现这种不准的状况,使用前必须先调零。2.由于某种原因,电压表的两根接线柱上已经积蓄了一定量的异种电荷,足够使电压表指针产生偏转,可能是接线柱蒙上灰尘所致,擦拭一下就好了。3.如果直接接在了电源两端等于没有电键,电压表当然也会有示数。

可见,教师重视课堂生成,自发养成对学生的课堂评价,增强了课堂的趣味性,激发了学生的学习热情和科学探究精神,而且能使学生在乐学的氛围中提升学科素养。

其次,教师教学评价素养的养成要建立评价的基本框架,不仅要有秩序,也应有逻辑,不仅要"就事论事",更要有质的挖掘和飞跃。它呈现于教师的教学风范、学生的学习品格,以及师生间良好的互动氛围中。

如在《电能　电功》同课异构中,无评价基本框架的教师主要通过填空题和计算题的方法对学生的知识掌握情况进行评价,而有评价基本框架的教师既让学生完成填空题,检测学生知识掌握情况,还让学生们阐述设计实验的思路,对学生的科学思维进行了监测与评价。

在《串联电路中电压的规律》同课异构中,无评价基本框架的教师让学生计算在串联了多个相同规格小灯泡的电路中每个小灯泡两端的电压,主要考查学生对知识的掌握情况。有评价基本框架的教师在带领学生探究完并联电路中电压规律之后,让学生利用所学知识通过实验判断暗盒里面的灯泡的连接情况,不仅检测了学生知识的掌握情况,更提升了学生学以致用的能力。最后,他还让学生自己总结除知识点外的其他收获,发现了学生有不同的答案,如学生 1 说"实验前可以采用类比的方法进行猜想",学生 2 说"之前学过家庭电路的电压是 220 V,并且家庭电路中的用电器一般是并联的,通过今天学习的并联电路中的电压的规律,我知道了这些用电器的两端的电压都是 220 V",学生 3 说"我们要敢于大胆猜想,同时在设计实验的时候要具有普遍性,这样我们才能得出具有普遍性的结论,并且在实验操作的时候一定要有科学严谨的态度"。通过学生自述的方式,进一步了解到学生的科学思维,科学探究能力,科学态度与责任,以及运用物理知识解释生活现象、解决实际问题的能力的发展状况。

再次,教师在教学评价素养的养成中还要引导学生进行互评和自我评价。

在《串联电路中电压的规律》教学过程中,教师先让学生提出猜想,但当实验结束之后未对学生所做的所有猜想给出正确的解释。

课堂实录二:

教师:那我现在就有疑问了,我这几个串联的小灯泡两端的电压与电源电压有怎样的关系呢？大家猜想一下 L_1 两端的电压、L_2 两端的电压与电源电压之间可能有什么样的关系？

学生1:我觉得他们之间的关系可能是 L_1 两端的电压加上 L_2 两端的电压等于电源电压。

教师:有没有别的猜想？

学生2:因为这几个小灯泡规格相同,所以我觉得它们两端的电压分别相等,然后加起来等于电源电压。

教师:好的,同学们做出了两种猜想。那到底是哪一种情况呢？请大家设计实验来探究电源电压与 L_1、L_2 两端的关系。然后再自我评价。

学生进行实验,通过实验结论阐述关系。

学生1:现在我发现了串联电路中部分用电器两端的电压与电源电压的关系,我的猜想($U=U_1+U_2$)是对的。

学生2:实验证明,($U=U_1+U_2$,$U_1=U_2$)是错的。

教师:如果选择规格相同的灯泡,会是这个结论吗？请同学们完成实验后再作评价。

教师让学生大胆猜想,先得出两个假设,再通过实验进行自我评价。教师一方面捕捉学生思维的开放性,另一方面利用评价结果及时调整教学,做到分析评价信息和运用评价结果。

"上课时,我请一位学生回答问题,本来学生的回答与问题严重偏离,引得同学们哄堂大笑,但我没有从这个问题本身去评价,而是借着学生的回答提升高度,把知识的传授引导到了思政教育,进而再借助生活中的例子,重新帮助学生理解这个内容。"在学生互评和自我评价过程中实践"立德树人"的根本任务,激发教师教学的自信力,以及学生对课堂学习的使命感。

(三) 案例反思

从上述案例可知,授课教师有目的、有目标地在核心素养落实中注重学科育人,也建立了有秩序、有逻辑的评价框架,同时还能重视学生的互评和自我评价,使课堂生成有趣的氛围或吸引力,"有的""有序""有趣"共同指向了课堂教学的"有效"。由此可见,提升教师评价素养,可使学生在学业成绩得到保障的同时,有助于提升学生积极情感体验和学习兴趣,有利于学生创新精神和实践能力的发展。

教师教学评价素养的养成不是一朝一夕就能实现的,在课堂评价态度方面,受内在应试教育观念和外部教学压力的双重影响,教师尽管能够正确认识到课堂评价的作用和价值,但实施课堂评价的行为意向却略显不足。也有教师由于在课堂评价知识方面缺少系统学习,在具体实施课堂评价时不能做到得心应手。

五、成效反思

(一) 问题解决的程度

我校教学评价意识淡漠的情况已大为改观。在日常的教学中,大多数教师能够从教学评价入手进行教学分析与教学改进,教师教学评价素养已有明显提升,逐渐形成了良好的教学生态和教育文化氛围。我校通过学生学业质量分析会议的方式,着重对学生的学习态度、学习能力和学习的可持续力等方面进行整体分析,不再以分数作为唯一的评价标准。我校通过三长会议多次强调教学纪律,比如要关注每一位学生的情况,注重学生的学习经历。

在教师评价素养方面已构建了相关的标准和方法,形成合理具体的、可操作的"上海市北蔡中学'四有课堂'评价表(2.0版)",提供了一些有针对性的指导或参考,帮助教师改进教学方法,提升教学质量。

在评课时所出现的主观判断和偏见也得到了较大程度的改善。教师评价的自评和互评也呈现了多元化、过程化样态,从评教走向了评学,且多有建设性、商讨性的评价。

(二) 实施措施的有效程度

通过教工大会、三长会议、教研组和备课组活动等组织学习,帮助教师确立正确的评价价值取向;通过组织教师对《义务教育课程方案(2022年版)》以及学科课程标准(2022年版)的学习及研读,解决了课堂教学评价的理念问题;通过邀请专家进行"教师课堂教学评价"的主题培训,为教师提供了必要的研究课堂教学评价的理念和行动支架;通过发动全校教师,联动北蔡学区初步地实践研究"四有课堂"教学模式,组织一系列教学展示、主题研讨以及评价活动,各学科特别是语文、数学、物理、化学等在提升教师教学评价素养方面均有所突破,一大批老中青骨干教师迅速改善教学评价观念,精选教学内容,优化教学策略,促进了教学评价素养的有效落地;通过了解学生的需求,以学生的评价促进教与学改进,以评促教,以评促学,从教和学两方面完善了"四有课堂"的教学评价标准,很大程度上提升了教师的专业素养和教学评价素养水平;通过相应的保障机制,本课题得以顺利开展,没有延误。

(三) 经验与期待

全校各教研组结合"四有课堂"的教学实践,开展教学评价素养的研究,形成了一系列教学案例或教学论文,且在不断开设主题研讨展示课的教学实践中,继续完善了"四有课堂"内涵,构建了更为合理具体的、可操作的"上海市北蔡中学'四有课堂'评价表(2.0版)"。

我们今后将思考探索如何细化课堂评价指标,让"四有课堂"的教学评价更精准到位。

基于"四有课堂"的教学评价素养实践研究
——以《光的色散》为例

上海市北蔡中学 康 伟

本文以《光的色散》一课为例,依托"四有课堂"的"有的"理念,突破现有教材和课程标准的限制,在"以研定教"的思路下深入分析初中物理课程的评价目标与要求。通过设计符合初中生物理学习特点的知识构建过程,完成物理课堂教学,引导学生通过科学探究和交流讨论建立学习进阶,进而有效推动物理课堂教学实践的发展。

《光的色散》是初中生直接接触光学知识的一节课。从现有教材来看,学生的学习过程与实验紧密相关,在日常生活经验和物理实验的基础上了解光的组成、三原色光、色彩与颜色,这具有一定的跨学科性与情境性,给教学评价带来一定挑战。因此,本文将以《光的色散》为案例,构建一个基础的教学评价体系,明确实践流程框架,并总结"四有课堂"模式在这一过程中所展现的优势。

一、"四有课堂"教学评价体系设计

1. 基于物理课程标准:树立核心素养理念,明确单元教学目标

初中物理课程的育人价值体现在三个方面:促进学生发展、助力教师专业成长以及打造优质物理课堂。因此,物理教学应以培养学生核心素养为起点,以教师专业化发展为主线,并以构建高效课堂为具体目标。在新课标的指导下,物理教师的首要任务不再是单纯教授知识和技能,而是树立核心素养理念,关注学生物理学科核心素养的形成与发展,即培养他们具备终身发展能力。

依据不同学段学生的发展特征以及课程内容的要求,教师需要对每一个主题进行深入分析,包括内容目标、学业要求和教学建议。教学设计应以培养学生核心素养为导向组织和实施教学活动,从而推动物理课程从知识本位向素质育人的转变。评价不仅应基于教师的教学经验和实际情况,还应对学生的物理学习过程与实践进行全面点评与分析,避免单纯依赖物理知识储备的评价方式。

在核心素养理念的引领下,"光的色散"这一主题的教学可以突破现有教材的局限。初中生在学习此主题前,已具备一定的生活经验和对光的初步认识,这些前概念为学习进阶提供了基础,也是物理学科核心素养培养的重要立足点。该单元的核心内容是通过物理视角引导学生探索光学的基本规律,理解光的色彩与颜色的物理性质。虽然《物理教学参考资料》建议该内容的课时为1节课,但鉴于教学容量与进度的考量,实际教学通常结合课外实验来进行。通过课堂理论与实验探究,学生能够掌握研究光的基础知识和技能,为后续的光学学习打下坚实基础。然而,由于学生对光的认识仍然停留在经验层面,尚未深入理解光的组成与色彩原理,因此我将本单元的教学目标设定如下,见表1。

表1 《光的色散》教学目标

	知识内容:光的色散
单元教学目标	物理观念:通过阅读光具有能量的教材内容,了解光能,会在恰当的情境中使用"光能"一词。 科学思维:分析综合、推理论证,展开分解太阳光的活动,学会通过观察、推理得出结论。 科学探究:探究"光的色散",重在基于证据得出结论,通过观察建立光具有不同的色彩的概念,形成主动与他人合作的意识和初步评价的能力。 科学态度与责任:经历色光混合的实验过程并解释生活中与光的色彩有关的现象,领略大自然的缤纷多彩,培养亲近自然、热爱自然的情感,养成实事求是的科学态度。

2. 基于物理核心要素:构建"教学评一体化"主线,确立评价目标

新课标对《光的色散》教学的要求是:通过实验探究,理解光的色散现象及其颜色特征。因此,初中物理教师应树立"教学评一体化"的教育理念,将教师的教学、学生的学习和教学评价有机结合起来,紧密围绕课程标准、学生实际情况和教学内容进行精心设计。这种设计旨在让学生在教师的引导下,围绕富有挑战性的学习主题,积极投入、体验成功,获得有意义的深度学习与发展。

鉴于此,在《光的色散》教学之前,教师应首先梳理并归纳该单元的教学重点

和难点,聚焦物理核心要素,确保教学过程遵循"教学评一体化"的主线,根据新课标、学情与教学内容,明确学生学习目标(具体教学目标),然后再进一步细化评价目标,见表2。

表2 《光的色散》评价目标与要点

	具体目标
学情下的学习目标	1. 知道光的色散和日光通过三棱镜色散的原因;知道白光是由不同色光组成的复色光;知道复色光与单色光的概念;知道三原色光以及色光的混合。 2. 能按照书本内容,开展将白光分解为各种色光的实验探究,初步认识自然科学学科中相关概念和规律的形成过程;积极参与探究活动,仔细观察实验现象,概括出实验结论,进而了解运用实验研究自然现象的基本方法。 3. 通过观察生活中各种光的色散及合成现象,体验物理与生活的联系,感悟物理在生活中的应用。
"教学评一体化"理念下的评价目标	1. 物理观念:通过实验,知道光的色散现象,借助已有生活经验,观察实验现象,建立光的色散观念,知道光的色彩的形成过程及规律,并学会解释生活中一些简单的现象。 2. 科学思维:通过实验,树立在操作、合作、观察、分析、归纳中得出实验结论的观念,并通过光的色彩、色散现象的类比学习,进一步学会观察、推理得出结论。 3. 科学探究:开展分解太阳光的活动,养成通过实验重在基于证据得出结论的实验意识,通过认知上的冲突、光的色散现象的探究与分析,养成善动手、善思考、善研究、善总结的物理学习习惯,画出简单的光的色彩图。 4. 科学态度与责任:感受生活和物理的密切联系,养成实事求是、尊重自然规律的科学态度。
评价要点与难点	会用光的色散现象解释生活中的一些光现象,了解什么是光能、光的色彩形成过程,经历研究物体颜色成因的过程,领略大自然的缤纷多彩,增强亲近自然、热爱自然的情感。

二、"四有课堂"实践流程规划

新课标明确指出,教师应掌握跨学科实践活动的内在逻辑,遵循学生的认知规律,并根据活动性、问题性和学习性原则对这些活动进行精心设计。围绕"光的色散"这一主题,教师应将评价活动融入跨学科实践中,以此促进学生科学素养的连贯发展。

由于"光的色散"属于物理课程中的基础概念,教师在教学过程中应当以大概念(如单元或学段的教学目标)为核心,具体规划"光的色散"的教学流程,并设计相应的评价体系,以帮助学生构建统一的物理概念体系。

1. "光的色散"教学流程规划

（1）情境创设

教学不能脱离生活情境，教师应创设与学生生活经验相关的情境，引出课堂主题。例如，光的色散是基础的光学概念，而色彩是光的基本物理性质。通过让学生理解物理与日常生活的关联，提升他们的学习兴趣和参与度。

（2）揭示光的色散现象

通过直观的实验操作及生活经验，教师可以引导学生在体验活动中，亲自感受和观察光的色彩变化。例如，通过实验展示，学生可以认识并解释生活中与光的色彩相关的现象，逐渐建立起光具有多种色彩的概念。

（3）基于已有知识的教学

教师可以根据学生已有的知识背景进行教学，例如，利用投影仪打出一束白光，通过三棱镜将其分散，射向银幕并形成彩色光带。在课堂中，教师可以利用类似"人造彩虹"的实验鼓励学生利用身边物品探究并证实白光是由多种色光混合而成的原理。

2. "光的色散"评价流程规划

（1）评估学生认知起点

基于"教学评一体化"的理念，教师应首先评估学生对光的认识，如他们对光的色彩有何了解，日常生活中对光有何看法。这有助于教师明确学生的学情，从而为后续教学调整打好基础。

（2）实验过程评价

教师需重点观察学生在实验或活动中的表现，评估他们是否能够主动提出问题、实验是否顺利完成、能否正确解释实验现象等。通过这些观察，教师可以厘清学生通过实验获得的知识以及由此产生的想法。

（3）总结性评价

通过绘制"光的色散"思维导图或实验示意图，结合学生提交的作业，教师可以对学生的学习情况进行总结性评价。这不仅有助于明确学生的学习进展，还可以通过图示化的方式，促进学生更好地掌握知识并加深理解。

教师应通过基于学生生活经验的教学设计,了解每个学生的学习情况,并及时提供反馈。在新课标的引领下,教学模式应从"以教为中心"转变为"以学为中心",即从"教师传授知识"转向"学生自主发现和创造知识"。教学设计应摒弃传统的知识本位思维,关注学生的认知发展和知识建构规律。通过创新评价方式,教师可以推动学习方式和育人方式的转变,真正促进学生核心素养的全面发展。

三、"四有课堂"效果总结反思

1. "四有课堂"教学实施效果总结

(1) 解决了教学中的困惑

大道至简,至简才能明晰过程、突出重点。本课例以太阳光通过三棱镜色散的原因为情境贯穿课堂,巧妙地将光的色散、三原色光及色光的混合等知识融入情境问题中。学生通过一次次的意外发现和收获,感受到光的色散及合成现象,有效排解了教师在教学中产生的困惑。

(2) 落实了"四有课堂"目标

本课例以素养目标的实现为导向进行情境线、知识线和活动线的设计,关注学生在真实的问题情境中进行知识的建构、解构和再造。注重学生立足学科基础,上升到学科问题解决,最终获得学科思维的提升,集中体现了学科育人的价值。"四有课堂"的目标构建到位,不仅落实了素养为本的"教"和关注学生为主体的"学",而且又有对探究过程和结果的"评"。

(3) 发挥了认知冲突效益

俗话说,"听过不如看过,看过不如做过,做过不如错过"。本课例设计太阳光通过三棱镜色散出现的一系列意外发现、三原色光以及色光的混合等造成学生认知结构失衡的问题情境,使学生处于"愤悱"的学习状态,激发学生再次寻找新证据来解决冲突。学生通过重构已有的认知结构,建立起新的认知平衡,形成正确的价值观、必备品格和关键能力。

2. "四有课堂"教学反思与改进

核心素养是对真实复杂情境的认知、辨别、顿悟，以及知识、能力、态度的综合体现。本课例从学生已有的认知经验出发，以探索太阳光通过三棱镜色散的原因开展教学，有助于学生根据认知发展规律来建构知识，但情境偏简单了些。如何通过真实复杂情境实现核心素养的落地生根，对本课例的重构提出了更高的要求。当下，"互联网＋"成为教育改革推进的方向。如何在课堂教学中融入"互联网＋"技术构建"四有"模式的智慧课堂，是本课例重构优化的方向。

道德与法治课堂中基于"四有课堂"理念的教师评价素养的实践研究

——以"做情绪情感的主人"为例

上海市北蔡中学 王雪晶

随着我国教育改革的深入推进,道德与法治课程在基础教育阶段的地位日益凸显。作为一门旨在培养学生道德素养和法治观念的课程,道德与法治课堂的质量对于学生的全面发展具有重要意义。如何提高道德与法治课堂的有效性,使之成为学生喜闻乐见的课程,一直是教育工作者关注的焦点。本研究以"四有课堂"理念为指导,探讨教师评价素养在道德与法治课堂中的实践,旨在提高课堂质量,促进学生全面发展。

进入新时代,教师评价被赋予了新的价值意义。一是促进教师、学生成长,提升教育教学质量;二是深化课程教学改革,建设高质量教育体系;三是助推教育评价范式转型,适应新时代教育评价改革需求。

教师评价素养在实践中提升的方法可以有以下几点。例如,可以建立科学的评价指标体系、选择多元评价方法、重视评价反馈等,还可以在听评课、校本培训、教学反思中提升评价素养。接下来我将以道德与法治学科七年级下册第二单元"做情绪情感的主人"教学设计为例,谈谈教师评价素养的实践立场。

一、生本立场,即评价要关注差异性、生命性、生长性

以学生的视角看待整堂课的学习,让每个关键学习行为都可以被评价。过去我们在教学设计的时候,往往都是从教学目标出发,再设计相应的教学活动和评

价形式,但是我在进行"做情绪情感的主人"单元教学设计的时候,则是在其中加入了一个"创新"的环节——对于教学目标进行转写。这一点也和"四有课堂"中"有的"不谋而合。"有的"指课堂内容要充实,教学目标要明确,确保学生学到实质性的知识和技能。

　　道德与法治课程要培养的核心素养,主要包括政治认同、道德修养、法治观念、健全人格、责任意识。我从这五大学科核心素养出发,确定了"做情绪情感的主人"单元学习中需要达成的单元教学目标。首先对教学目标进行分析,之后再根据自己对于班上学生学习能力的了解,以及他们在过往所掌握的知识结构,重新以学生为主体定义学习目标。

　　由于是从学生视角来进行教学设计,学生在每个学习活动里的学习行为变得更加清晰,接着依据新撰写的学习目标设计评价任务和评价标准。具体来说,"做情绪情感的主人"单元学习里对于"健全人格"这一学科核心素养的培养,主要通过让学生观察自己生活中具体的情绪、情感、感受,再通过真实的、有意义的、与生活相链接的情境来解决生活中遇到的问题来实现。

　　我从学生的视角对于关键的学习行为给出更加详细的描述,采取以下方式:

（一）针对相关主题进行情境的创设

　　例如,在《情绪的管理》这一课中,为了让学生学习用恰当的方式表达情绪,我设计了相关主题,让学生运用情境表演的形式去演绎自己会以何种方式来表达自己的情绪,以及体会不同方式会带来哪些不同的后果,引导学生思考什么样的情绪表达方式是恰当的。并且在教学中,我也让学生结合情境和自己的实际生活加以讨论,让学生自己总结出生成性的结果,帮助学生正确掌握恰当的情绪表达方式。

（二）运用多种方法引导学生谈谈自己生活中的情绪情感

　　在情绪调节这一部分的学习中,学生除了要了解如何调节自己的情绪,还要学会运用情绪调节的方法,帮助他人改善情绪。在教学过程中,我积极引导学生结合生活实际,列举以往自己帮助他人改善情绪或者自己的情绪被他人改善的例子。在这个分享过程中,我也在讲解知识的基础上,结合社会主义核心价值观中"友善"一词,让学生从友善的角度看待帮助他人改善情绪的意义。由此,学生在课堂中乐于敞开心扉,分享自己生活中的情绪情感,教师可以更加了解学生学情,学生在实际生活中的困惑也得以解决。

(三) 以小组合作的形式完成探究报告

在小组合作学习中推进情境具体问题的解决、使用政治术语完成探究报告、对探究结果进行交流与讨论等。之后我又为探究报告设计了相应的评价量规,它将从不同的维度考核学生素养能力的发展,每个维度都设计相应的标准。对于初中阶段的学生来说,这样清晰的认知可以提升学习的主动性,更好地制订适合自己的学习计划。

二、过程立场,即关注发展、关注多元

评价一般都会采用过程性评价和终结性评价相结合的方式,尤其是过程性评价,它可以帮助教师了解学生阶段性的学习成果,以适时进行教学调整。但是在过去,过程性评价在具体教学实施过程中往往受到多方面的限制,例如教师精力有限,无法兼顾到课堂上的每个学生,或者是纸笔形式的测评过于单一,不能完整准确地展示学生学习行为的变化。过程性评价和"四有课堂"中"有序""有趣"的要求相一致,"有序"指课堂教学过程要有条不紊,课堂纪律良好,确保教学活动顺利进行;"有趣"指课堂教学要生动有趣,激发学生的学习兴趣,提高课堂吸引力。因此,我在课堂实践中做了以下尝试。

在"做情绪情感的主人"单元学习的案例里,我使用学习任务单的形式来解决之前存在的这些问题。学习任务单不仅记录了每个学生在课前、课中、课后的完整学习过程,同时也让师生之间的交流和互动更加频繁和高效。

例如,在"做情绪情感的主人"单元学习开始之前,我将所有的学习资料上传

到钉钉平台,包括课程任务单以及相应的评价标准。学生可以随时翻阅学习内容和相应的评价项目,了解在单元学习里所需要完成的目标,并根据自己的情况提前做好计划,掌握学习的主动权。

同时,我也鼓励学生们在学习单上记录自己的学习过程,包括小组之间的合作、跨小组之间的讨论等。

例如,在本单元第一课时开始之前,学生需要根据自身的情况填写关于情绪情感的问卷调查,并且学生们在完成相关知识的预习之后,在相应的课时页面写下自己的探究设计方案,同时他们还可以和其他同学互相交流分析对方的探究设计方案。使用过程性评价的目标是了解每一位学生的学习成果和发展状态,并给予及时的反馈。因为有了学习任务单的存在,过程性评价才可以如此的顺利。

三、意义立场,即寻找意义,思考教育评价的根本追求

应从"评价是什么"的本体论追问转向"评价应该是什么"的实践论追问,从而超越评价的技术取向,基于内在价值来理解评价。评价的意义应当是提高教学质量。充分利用评价结果,提高教学效果和学习成果。评价是为了更好地指导教学。整理、分析和应用评价结果,是教师们普遍面临的挑战。这一点和"四有课堂"中"有效"的意义相一致。"有效"指课堂教学要达到预期的效果,实现教学目标,提高教学质量。在这一方面,我也做了不少的改革和创新。评价层层递进,让学生学习的每一步都"扎扎实实"。

"有效"的达成并不是一蹴而就的。我采用的方式是在单元学习里设计了多个学习活动,来引导学生一步步地培养相关的素养能力,与此同时,我还设计了层层递进的评价体系,了解学生每个阶段的学习成果,为下一个阶段的学习打下基础。除了最基本的教师评价、学生自评互评以外,又额外地增加了新的评价项目,包括分析反思、小组合作与交流等。除了在每个任务里即时反馈,在"做情绪情感的主人"单元教学的最后,我还设计了一个综合性的评价任务——每个小组都需要独立地完成一份探究报告。

学生们将以小组为单位完成对于"生活中的情绪问题"相关问题的探究,并提交一份完整的报告。教师们则会从个人参与、探究问题设计、问题解决、分析反思、交流等不同维度给出评价,了解学生们在整个单元学习后的核心素养的发展情况。发挥学生的作用,让他们积极参与自评和互评。在进行教学设计的时候,我非常注重学生的主体参与感,并且在收集评价数据的环节上,也会给予学生充分的自主权。如之前提到学生可以主动上传学习数据,或者在平台上评价同伴的学习成果。

不仅如此,我还在本单元学习结束之后设计了一份调查问卷。问卷的目的是让学生自评,判断自己在经历一个单元学习之后,对于知识点的掌握程度和核心素养的发展情况。

其实来自学生的自评,不仅能够帮助教师们更加了解学生的学习情况,同时也能够帮助学生了解自己的学习成果,明确自己在单元学习中的不足。同时,学生自评也能够有效地帮助教师们提高教学效果。此外,调查问卷的反馈可以帮助教师评估已有的教学设计,到底哪些学习活动可以更好地提升最终的学习效果。

总之,本研究以"四有课堂"理念为指导,探讨道德与法治课堂中教师评价素养的实践,旨在为提高课堂质量、促进学生全面发展提供理论支持和实践借鉴。

基于"四有课堂"的体育教学评价素养实践研究
——以"篮球大单元教学18—(2):行进间高运球"为例

上海市北蔡中学　徐浩路

一、"四有课堂"案例背景

　　本课以《义务教育体育与健康课程标准(2022年版)》为依据,坚持"健康第一"和"立德树人"的指导思想,坚持以学生发展为中心,以落实"教会、勤练、常赛"的课程理念为指引。针对篮球动作的多样性,体现保证基础、重视多样、关注融合、强调创编等理念。我围绕教材重难点,以问题链为导向,融合信息技术,采用自主、合作、探究等学习方式,设计从基础性学练到组合性学练再到比赛性学练的教学流程,既使学生体验到篮球项目的乐趣,又让学生在练习中去感受动作组合的运用。

　　为进一步落实上海市浦东新区提倡的"聚焦大单元教学,践行新课标理念",基于"四化"的学生活动设计,实施"三性"的课堂教学新模式,落实"学、练、用、评"一致性的要求,我校开展了基于"四有课堂"的教学评价素养的实践研究,促进学生自主学习,积极学练,提升学生体育锻炼生活化的意识,培养学生的体育核心素养。

二、"四有课堂"案例叙述

　　1. 教——层层递进,循序渐进,落实"有序"

　　针对本次区级公开课,同时结合我校"四有课堂"教学理念,我首先设计了花样热身跑和篮球一般性球性练习使学生充分活动身体各个环节、熟悉篮球,为后续的教学打下坚实的基础。

在主教材教学环节,首先我设计了原地高、低运球,提醒学生注意球的反弹高度和按拍部位。紧接着,我利用正面示范和侧面示范向学生展示正确的行进间高运球姿势和动作,同时结合上一个练习,向学生发出提问:行进间高运球和原地高运球的区别以及相同点有哪些?而后利用行进间直线运球引导学生思考如何运球才能最快地到达终点,同时将"两点之间直线最短"的跨学科知识融入体育课堂。后面的"S"形运球增加了行进间运球的难度,对于学生运球的稳定性提出了挑战。最后,我设计了"一攻一防运球比赛",使学习内容进一步贴合实战,使本节课的氛围达到顶峰。整堂课的学习由易到难,由简到繁,顺应发展规律,使学生循序渐进地接受内容知识,充分落实我校"四有课堂"的教育教学理念,通过"有序"学练帮助学生们加强对行进间高运球动作的记忆和提高。

在全课结尾,我设计了6个不同的、结合篮球的体能练习,帮助学生提升身体素质、增强体能。最后,学生伴随着音乐完成放松拉伸,在轻松愉快的氛围中结束本节课的学习。

2. 学——团队合作,共同前行,落实"有效"

在如何"有效"地使学生掌握行进间高运球方面,我重点以教师示范和学生自主练习为抓手。首先教师通过多维度示范及多角度分解教学,让学生能够循序渐进地掌握知识内容,了解技术动作构成。随后通过各小组同伴互助的自主学习方式,小组内成员互相纠错,进一步巩固组合动作内容。不仅丰富了学习内容,也提升了学生学习的质量,有助于学生养成勤于思考的好习惯。分组学练,不仅能够激发学生的团队合作精神,培养良好的社交能力,还能够增强学生的自信心和表现力。

3. 评——多元评价、以评促学,落实"有的"

对于"有的"的落实,我在本节课上不断向学生讲解重难点以及解决方式,并结合学生的上课表现、小组合作的参与度和小组展示作出相应的评价。学生也能够通过各组表现对各小组作出相应的评价,并对本组成员参与小组讨论的积极度作出相应的评价。通过评价,各小组再加以改善,最终在师生共同的帮助下攻克了本节课的重难点,学生感受到了合作的喜悦。

4. 赛——学赛相间、以赛促学,落实"有趣"

我在本节课中通过游戏比赛的形式,使学生能在教学活动中体验到运动的乐趣、成功的快乐,让学生在玩中学、在竞中用,从而培养学生终身体育的习惯以及诚信、尊重、合作互助的品格。

三、"四有课堂"案例反思

1. 教学目标即"有的"的达成情况

在这节"篮球行进间高运球"的公开课中,我设置了明确的教学目标,即让学生掌握行进间高运球的基本技巧,培养他们对篮球运动的兴趣,并提高他们的团队合作能力。通过课堂中的观察和学生的反馈,大部分学生能够在练习中有效地掌握运球技术,并能在比赛中灵活运用。这表明教学目标基本达成,落实了"四有课堂"中的"有的"。具体而言,学生们不仅学会了行进间高运球的基本动作,还能够在不同的场景下灵活运用这些技巧。例如,在"赛一赛"环节中,他们能够迅速变换运球方向,避开防守,展示了良好的控球能力和场上决策能力。此外,课堂上学生们的积极参与和高涨的热情也反映出他们对篮球运动产生了浓厚的兴趣。在团队合作方面,学生们通过小组练习和比赛环节,不仅学会了彼此之间的默契配合,还培养了团队意识和合作精神,展现了较强的团队协作能力。这些都表明,本次教学在技术掌握、兴趣培养和团队合作等方面均取得了良好的效果。

2. 教学过程的合理性即"有序"的达成情况

课堂设计较为合理,热身、讲解与示范、分组练习、比赛与评价以及总结与放松的环节安排紧凑、层次分明。热身活动不仅激发了学生的运动热情,还有效预防了运动损伤。讲解与示范环节,通过详细的动作分解和细节强调,使学生能够更容易地理解和模仿标准动作。分组练习阶段,学生们有充分的时间进行练习,并在实践中不断改进自己的技术。小组比赛环节增加了课堂的趣味性和互动性,学生们在比赛中表现出极大的参与热情,课堂氛围活跃。总结与放松环节有效帮助学生缓解了运动后的疲劳,并为下一节课的学习做好准备。

3. 教学方法的多样性即"有趣"的达成情况

本节课采用多样化的教学方法,包括讲解示范、个别指导、比赛评价等,有效满足了不同学生的个性化需求。在讲解与示范环节,分解动作和细节强调使学生能够更直观地掌握动作要领。在分组练习中,通过巡回指导,教师能够及时发现学生的问题并提供个性化的指导,帮助他们纠正错误,提高技能。比赛环节不仅增加了课堂的趣味性,还通过竞争激发了学生的学习动力,促进了他们在相互学习中的共同进步。

4. 学情基本情况与互动即"有效"的达成情况

本课授课对象为六年级(8)班学生,该班学生喜欢体育活动,对篮球运球有一定的认知。通过前面课程的学习,学生初步了解、体验了原地高、低运球,本次课继续学习、加强行进间高运球的技术,提高对高运球的速度和运球方向的控制。由于该年龄段学生正处于手部力量发展的初期,腿部力量的缺乏可能会影响到行进间高运球的速度,同时学生的协调性和控球能力也会直接影响到行进间高运球技能的提高。

在参与度方面,学生在整个课堂中的参与度较高,特别是在比赛环节,学生们表现出极大的热情和团队合作精神。通过赛一赛,不仅提升了课堂气氛,还增强了学生之间的互动和交流。课堂中,学生们不仅积极参与,还在互动中表现出对篮球技术的浓厚兴趣和对团队合作的高度重视。

四、"四有课堂"实践过程优缺点分析

1. 成功之处

学生技能的提高:大部分学生在课堂结束时,能够较为熟练地进行行进间高运球,动作协调性和控制力有了明显提高。与此同时,在多种练习方式层层递进的教学理念下,学生们对于行进间高运球的速度和运球方向的控制都有了显著

提升。

课堂氛围的活跃：教学过程中，学生们表现出极大的热情，课堂氛围轻松活跃，达到了寓教于乐的效果。学生们在师生问答环节踊跃举手，示范展示时也是争先恐后，达到了较好的互动效果。

团队合作意识的增强：通过比赛环节，学生们不仅提高了篮球技术，还增强了团队合作意识和集体荣誉感。在比赛中，他们能够协同作战，互相配合，展示了较强的团队协作能力和集体荣誉感。

2. 不足之处

个别指导的深入性：在巡回指导过程中，因时间限制和学生人数较多，对个别学生的指导深度不足。可能需要更多地给予部分学生个别关注和帮助，才能更好地做到因材施教。

动作要领的巩固：虽然大部分学生能掌握行进间高运球，但一些学生在实际运用中仍存在动作不规范的问题，需要进一步巩固和提高。

教学时长的把控：对于个别教学环节的时长把控还需要进一步提高，在整堂课的用时上还存在不足。

3. 改进措施

增加个别指导时间：在今后的教学中，可以通过提前准备和课后辅导等方式，为需要更多帮助的学生提供个别指导，确保每位学生都能得到充分的关注和帮助，做到因材施教。

强化动作巩固练习：在课堂中增加动作巩固环节，通过反复练习和细节讲解，帮助学生更加牢固地掌握动作要领，确保每个学生都能规范、熟练地进行行进间高运球。

多样化评价手段：引入更多元化的评价手段，如学生自评、互评和教师综合评价，帮助学生更全面地认识自己的进步和不足，激发他们的学习动力。

五、"四有课堂"教学评价素养实践总结

这次基于"四有课堂"的"篮球大单元教学18-(2)：行进间高运球"教学评价素

养实践研究,通过精心设计和实施,达到了预期的教学效果,但也暴露出一些需要改进的地方。在今后的教学中,我将继续总结经验,优化教学方法,提高课堂效率,争取让每一位学生在体育课中都能学有所获、乐在其中。

"四有课堂"教学模式作为学校教学质量与常规管理的一个重要抓手,已渐渐成为学校各个教研组教研的重点项目。根据学校"四有课堂",体育教研组也提出"四有"体育课堂的实践研究,通过该项目的不断深入与实施,并充分结合《义务教育体育与健康新课程标准(2022年版)》,走出一条符合学校实际情况的管理之路,探究一种将教师个体发展与学校教师队伍建设相结合、让每一位学生得到发展的管理新模式。通过本次教学反思,我深刻认识到在教学设计、方法运用和学生互动方面的成功与不足。在今后的教学实践中,我将继续改进,努力提高教学质量,确保每一位学生在体育课堂中都能获得更好的学习体验和技术提升。这次教学反思不仅是对过去教学的总结,更是为今后教学的改进和提升提供了宝贵的经验和方向。

基于"四有课堂"的教师课堂教学评价素养的实践研究

——以上海市北蔡中学"四有"体育课堂为例

上海市北蔡中学　卫骏超

本学期我校的教学重点工作以创建"四有课堂"为抓手,提高学生核心素养为导向,加强学科建设,切实提升课堂教学效能。

学校教师共同商议、群策群力,提出以核心素养为导向,构建有的、有序、有趣、有效的"四有课堂"教学模式,来实现教与学的认同感,推动学生可持续发展。

一、"四有"体育课堂核心内涵

"四有"体育课堂是指体育教学要有体能发展,有技能学习,有竞赛活动,有运动兴趣,是课堂组织形式的直观描述,是落实体育核心素养的基本要求。提倡"四有"体育课堂,是因为"四有"体现了体育课程的基本性质和优质体育教学的共性特征,要大面积强化体育课,就必须在"四有"上下功夫,做文章。提倡"四有"体育课堂不仅仅是要求体育课有什么,更重要的是必须理清"为何有"以及"怎样有",只有真正体现出"四有"的内涵,才能充分彰显体育教学培养学生学科核心素养的价值。

1. 体能发展讲究追求实效

体育课程是学校教育中唯一一门具有促进学生身体发展作用的课程,若体育课程失去这一作用,便失去了它在学校教育中存在的意义。发展体能是体育课程的基本功能,也是运用技能的基础,更是体育学科核心素养"运动能力"的重要构成,发展学生体育学科核心素养,必须注重体能发展。

体能发展的实效性体现在能够在有限的时间内,通过有效的练习方法和形式,使学生身体得到足够的生理刺激,承受适宜的运动负荷,使各个系统器官的机能得到提高与发展。追求体能发展的实效性可从三方面着手。一是要把技能学习和体能锻炼有机融合起来,通过技能学练过程增强学生体能。由于技能学习和体能锻炼的共同手段都是身体练习,而身体练习又具有重复性和负荷性等基本特征,因此,有机融合技能学习和体能锻炼是完全可行和非常必要的。二是要合理安排课课练,根据教学实际,采取简便易行、具有实效的练习方法与形式,力求在有限的时间内达到促进学生体能发展和掌握锻炼方法的实效。三是体能类教材要考虑其技术动作不学已会的特点,教师把教学的重点放在设计练习形式、次数和时间等方面,突出组织教学的重要性,用强化练习不断增强学生体能,在学练的过程中兼顾矫正技术动作本身。

2. 技能学习强调因材施教

运动技能是体育课程的主要学习内容,也是实现体育课程目标的主要载体,更是体育学科核心素养"运动能力"的关键所在。根据学生身心特点和运动技能特点开展因材施教的体育学习,应成为深化体育教学改革、提高体育教学质量的主要着力点。

因材施教的理念在我国教育界耳熟能详,但在运动技能的学练过程中,我们需要把因材施教的"材"拓展理解为学生身心特点和教材内容特点及场地器材三个要素。根据学生身心特点因材施教的研究成果非常可观,但如何根据运动技能特点因材施教却起步较晚,尚需探索。如,不同运动项目的运动技能各有特点,有比赛情境中生成的,有人为创编形成的,还有从生活与劳动技能演化而成的;有的技能具有开放性特征,有的技能具有封闭性特征;有的技能简单易做,一学就会,有的技能复杂多变,多学才会。要让学生掌握所学项目的运动技能,理解项目特征,提高运用能力,教师就必须认真分析教材,吃透教材,深刻理解与把握不同项目的运动技能特征,设计并实施针对性的教学策略与方法,使学生能够高效地掌握和运用所学技能。此外,场地器材条件也是制约体育课堂教学效果的主要因素之一,不可忽视。当前存在两种现象:一是场地小器材少,教学难以开展;

二是场地大器材多,不知如何用,存在过度设计现象。技能学习强调因材施教,就是要根据场地器材的实际需要和现实条件,科学合理利用场地器材,最大程度地为技能学习提供保障。

3. 竞赛活动力争灵活多样

竞赛活动不仅反映了体育学习的本质特点,有效提高学生的技能运用能力,使运动充满乐趣和激情,同时还具有培养学生体育品德的独特价值。教师应高度重视与充分利用竞赛活动,使学生在竞赛氛围激励下和竞赛规则约束下,逐步形成习惯化的行为方式,养成良好的体育品德。

在体育品德成为学科核心素养的时代背景下,竞赛活动在体育教学中的价值和意义需要重新认识和深度挖掘。季浏教授认为,如果体育课仅仅是教会了体育技能,而没有竞赛,学校体育工作的价值就要大打折扣。审视体育与健康核心素养中"体育品德"的内容,不难发现,积极进取、遵守规则、责任意识等素养表现,无一不和竞赛活动有着密切联系。试想,没有竞赛拼争何谈积极进取?没有竞赛过程何谈遵守规则?没有竞赛角色何谈责任担当?没有竞赛胜负何谈胜不骄败不馁?可以说,竞赛活动是培养学生体育品德的必要条件和最佳途径。结合学生年龄特点、教学内容特点、学习阶段特点以及竞赛意图等因素,在体育教学中开展灵活多样的竞赛活动,应成为新时代体育教学的必要追求和重要特征。所谓灵活多样,就是要从广义的角度理解竞赛活动,重点突出"赛"字。相同时间比次数、相同次数比时间、动作展示比质量等方式,都与游戏竞赛比胜负一样,同属于课堂竞赛活动的范畴。

4. 运动兴趣强调重在激发

运动兴趣是学生积极参与运动,形成锻炼习惯的强大动力,因而也必然成为体育学科核心素养"健康行为"的重要影响因素。激发和培养学生的运动兴趣,尤其是持久的间接兴趣,促使他们形成运动参与的内部动机,使学生不但动起来,还能乐起来,应成为体育教师重要的教学能力和目标追求。

强调运动兴趣应重在激发,是因为并非所有的体育学习内容都具有趣味性,也并非所有的学生都天然喜欢体育运动。有些内容本身的趣味性并不强,有些学生在某个阶段就是爱静不爱动。这就要求教师应具有使原本乏味的内容生出趣味的意识,具有激发学生对所学内容产生兴趣的本领,具有培养学生间接兴趣和内部动机的能力。当学生对体育活动产生了间接兴趣,当他们参与运动由外部强迫转化成了内部动机,锻炼习惯的形成就有了强大的动力,健康行为的培养才有可能从预期转变为现实。对体育教学活动有无兴趣,学生能否在课堂上体验到运动的乐趣和愉悦,直接影响到他们是否喜欢体育和体育课,影响到他们对体育的认知,进而影响到他们锻炼习惯乃至健康行为的养成。因此,体育教学必须注重激发学生的运动兴趣,培养他们的运动爱好。我们提出,小学生要在玩中寻找和培养兴趣,初中生要在技能掌握的成功体验中发展兴趣,高中生要在技能运用的熟练中稳定兴趣,从而为终身从事某项体育活动奠定坚实基础。

从"四有"的内涵分析可以发现,"四有"之间相互融合、相互联系、相互促进、相互提升,共同为发展学生核心素养发挥独特而重要的作用。

二、"四有"体育课堂观察与评价要点

体育课堂教学是否具备"四有"以及"四有"的运用是否合理有效,直接影响到体育教学质量的高低。如何观察与评价"四有"体育课堂,我们归纳了一些具体的反思和观察要点,以便为"四有"体育课堂的教学评价提供基本依据。

"四有"体育课堂观察与评价要点

评价方面	观察与评价要点
体能发展	教师有没有安排课课练或其他形式的体能练习,锻炼实效性如何
体能发展	学生在练习过程中是否有面红、喘气、出汗等表现
体能发展	全课练习密度、平均心率是否符合学生实际和教学内容特点
技能学习	教师有没有安排明确具体、适合学生水平的技能学习内容
技能学习	学生是否理解应知的知识,掌握应会的技能或方法
技能学习	学练方法是否因材施教、合理有效,符合学生身心和运动技能特点

(续表)

评价方面	观察与评价要点
竞赛活动	教师是否安排了有竞争、分胜负的游戏、练习、展示、比赛等活动
	学生能否在竞赛活动中运用技能、遵守规则、积极进取
	竞赛活动的方法、形式等是否符合学生年龄特点和学习规律
运动兴趣	教师的行为和练习内容、方法、形式等能否激发学生练习兴趣
	学生是否流露出快乐、振奋等积极情绪
	课堂气氛是否活跃、轻松、欢快,学生练习时是否全身心投入

课堂教学评价是教育教学改革的核心关切与焦点问题,是促进立德树人的内在动力与实践尺度,也是深化教育评价改革的重要内容与关键环节。科学有效地开展课堂教学评价不仅可以深层次促进立德树人根本任务的有效落实,也将直接影响教育评价整体改革的进程与成效。

当前,中央全面深化改革委员会第十四次会议审议通过了《深化新时代教育评价改革总体方案》,提出了深化新时代教育评价改革的重点任务——改进结果评价,强化过程评价,探索增值评价,健全综合评价,这"四个评价"也为科学有效地开展"四有"体育课堂教学评价确立了总基调。

三、"四有"体育课堂教学评价核心指标

以"四个评价"之于课堂教学评价的属性功能为总基调,科学有效地开展课堂教学评价,应突出育人性、整体性、生成性、发展性和综合性。由此,体育课堂教学评价的核心指标就应是课程育人功能、教师育人功能和学生主体发展动能这三个基本要素的体现与达成。

从课程育人功能的体现与达成看,应包括:课程内容是否蕴含学科核心素养,是否有机融入新时代社会主义核心价值观、中华优秀传统文化精神等育人元素,是否充分体现与学科内部的逻辑关联及与现实世界和其他学科之间的有机联系,是否有助于架构符合学科逻辑和学生认知逻辑的问题结构,问题的展开是否富有层次性和挑战性,等等。

从教师育人功能的体现与达成看,应包括:教师是否牢固树立促进学生主动发展、全面发展、个性发展和终身发展的育人观念,是否启发引导学生树立正确的学习观、成绩观、成长观和成才观,能否真心善待每一个学生、尽心关爱弱势学生,能否精准把握每个学生的特点、精心鼓励引导学生扬长补短,能否始终以崇高的理想信念、高尚的道德情操和高洁的行为志趣启迪、感染、示范学生,能否对所教学科充满由衷的热爱,能否勇于承认自己教学过程中的失误或错误,能否充分调动学生的情感或者激发全体学生的思维,能否启发引导学生应用科学的思维方式解决问题,能否为学生提供充分思考或深入探究问题的机会,能否充分激发学生创造性思维,能否积极培养学生批判性思维,能否让学生敢于在问题解决过程中不怕犯错误,能否让学生善于对有价值的问题进行深层次探究,能否让学生勇于发现、提出问题和大胆质疑等。

从学生主体发展动能的体现与达成看,应包括:学生是否精神饱满,全神贯注;是否勤于思考,善于探究;是否充满好奇,勇于创新;是否勤奋刻苦,乐观自信;是否谦虚和善,乐于合作等。具体体现在:学生是否饶有兴致地投入课堂学习活动中;是否认真倾听教师提出的问题、同学对问题的回答以及教师的启发与讲解;能否勇于在问题解决的困境中探索,不断尝试破解问题,善于追问反思和批判质疑;是否对所学内容和问题解决抱有浓厚兴趣;能否从更高更深更广的层面思考问题;能否发现并提出新的问题和观点,能否灵活应用学过的知识解决新问题;能否一丝不苟对待学习,毫不厌倦,孜孜以求;能否在学习落后时信心十足,毫不气馁,努力进取;能否为自己在课堂教学活动中取得的哪怕是微不足道的成就而欢欣鼓舞;能否由衷爱戴、感激或者敬佩老师;能否主动热心帮助他人;能否由衷感谢他人的帮助;能否由衷赞赏他人的成就;能否坦诚表达自己的观点,真诚吸纳他人的观点;等等。

以"四个评价"为基调切实深化开展课堂教学评价改革,这就意味着,绝对不能再把对学生的知识准确率与技能熟练度的评价作为课堂教学的唯一指标,以"分数"和"升学率"作为课堂教学评价指挥棒的做法必须坚决地扭转过来。

四、推进"四有"体育课堂的几点思考

1. 发展学生核心素养,离不开"四有"体育课堂

"四有"的内涵是体育课要有追求实效的体能发展,有因材施教的技能学习,有灵活多样的竞赛活动,有重在激发的运动兴趣。打造"四有"体育课堂,离不开基层体育教师的课堂教学实践。体育课堂教学离不开体育教材这个根本抓手。球类教材作为体育课程中重要的组成部分,在发展学生体育学科核心素养过程中具有举足轻重的地位和作用。球类教材的特点决定了该类教材在整个体育教材体系中具有独特的优势。然而调查发现,目前很多体育课堂教学特别是球类教材课堂教学存在策略不明,手段单一,方法不够灵活,教学效益低下等问题。再加上球类教学场地器材多、班额大、组织教学难等因素,常规课堂运动强度小,练习密度低,很难让学生在课堂上真正学到技能,增强体能,培养兴趣,在竞赛中锤炼品格。发展学生核心素养,以"四有"体育课堂为着力点,就是要在体育课堂教学中科学施策切实有效地解决上述问题。

2. 发展学生核心素养,必须准确把握体育课程的目标任务

发展学生核心素养,以"四有"体育课堂为着力点,必须准确把握体育课程的目标任务。在2018年全国教育大会上,习近平总书记指出:"要树立健康第一的教育理念,开齐开足体育课,帮助学生在体育锻炼中享受乐趣、增强体质、健全人格、锤炼意志。"怎样才能让学生享受到运动的乐趣?"四有"体育课堂明确指出,运动兴趣重在激发,竞赛活动要灵活多样。除了要让学生学会1—2项终身受益的运动技能之外,还要有面向人人的竞赛活动。强健体魄,是体育最基础的功能。对于健全人格和锤炼意志来讲,要求学生必须养成良好、健康的生活习惯,也必须从参加各种竞赛做起,只有在竞赛中才能真正锤炼意志,培养健全人格。"无竞赛,不体育。"所以说,我们的"四有"体育课堂,必须坚持让学生"动起来"为根本出发点,更好地落实"健康第一"的指导思想;必须坚持让课堂气氛"活起来"为根本动力,更好地保护学生对体育的浓厚兴趣;必须坚持让学生"练起来"为根本策略,

更好地落实"掌握1—2项运动技能"的任务;必须坚持以让学生"赛起来"为根本归宿,更好地促进学生形成良好的体育品德和健康行为,为终身体育打下坚实基础。

3. 发展学生核心素养,必须坚持做到教学设计的创新和教学关键点的把握

发展学生核心素养,以"四有"体育课堂为着力点,必须坚持做到教学设计的创新和教学关键点的把握。以球类教学为例,解决球类教学的问题,需要从创新教学设计做起。教学设计一般包括教学目标、教学重难点、教学方法、组织方法、教学步骤、教学活动设计与时间分配等要素。想上好一堂球类课,教学设计尤为关键,决定了球类课堂的整体走向。针对课程的重难点采用不同的方法策略、练习形式和练习的时间次数是教学活动设计的关键。"四有"体育课堂明确要求,技能学习要因材施教,这里的"材"不单单指我们的教学对象,也指"教材"。经过大量实践案例的对比研究,我们认为,"球类课堂教学的组织特征就是处理好人与球的关系问题""球类课堂教学的教授策略就是解决好击球点、击球部位、击球手(脚)型、身体姿态等四个方面的问题""球类课堂教学的学习策略更加强调小组合作""球类课堂教学单个技术的练习策略就是尽可能让学生早拿球、多用球""球类课堂教学要把握其技能的开放性特点尽可能设计攻防对抗式的练习形式""球类课堂教学的评价策略就是技术能够在比赛中灵活运用"等,这些重要观点,也可以说是球类课堂教学的关键点。掌握了这些关键的操作要领,提升球类课堂教学的效果就有了方向,发展学生核心素养就有了根本保证。

4. 发展学生核心素养,必须切实解决讲与练的关系问题

发展学生核心素养,以"四有"体育课堂为着力点,必须切实解决讲与练的关系问题。"四有"体育课堂明确强调,体能发展要追求实效,也就是说,我们不但要有意识拿出时间专门进行体能练习,更要有意识地在课堂教学的每一个环节都注重让学生"动起来",这样才是真正的"追求实效"。还以球类课堂为例:课堂上,学生的运动技能是学生"练会"的,不是教师"讲会"的。因此,"精讲多练、少等多动"是根本要求。教师讲解示范的时间过长,就必然大大压缩了学生练习时间,应杜绝教师讲学生听,球在手里很"安静"像摆设,学生一直在"学"却没有"习"这类现

象的发生。另外,教师说得过多,学生练习时间少不说,关键是讲解得越多对动作重难点的把握就越松散,就越抓不住重点,针对性也就越弱。教师讲解得不清晰无条理,学生理解得就不充分不明白。更有甚者,由于教师对教材理解得不到位、不深刻,讲解与示范两张皮,颠覆了学生原有的正确认知,课堂产生了负效。

鉴于此,我们主张,首先教师要吃透教材,将动作技术要领转化为自己的语言,提炼出动作关键的字或词,在讲解技术动作时尽量做到能用字不用词,能用词不用句,能用句不用段,如果非要用段一定要分出一、二、三的层次。为了使学生快速长久地记住动作要领,教师可根据实际把动作重难点口诀化,把课堂时间更多地还给学生做专项练习。其次教师在技能方面,要多学习、多反思、多改进,提高示范能力和水平。"行家一出手,就知有没有"。教师一招一式一亮相,就能让学生惊讶,就能激起学生的求知欲,兴趣激发开始于"此地无声胜有声",学生便会乐于学、主动学。第三就是要求教师一定要强化学法指导,要清晰明白地告诉学生如何观察教师示范、观察的重点和角度在哪里,如何听教师讲解、需要理解记住的重点字词是哪些。教师要善于从教给学生"会学"入手,实现学生能学会的目的,课堂教学效益才有可能实现最大化。

5. 发展学生核心素养,必须切实解决组织教学问题

发展学生核心素养,以"四有"体育课堂为着力点,必须切实解决组织教学问题。体育实践课的教学是开放式的课堂,组织教学在体育课堂教学过程中具有举足轻重的作用,组织教学的好坏直接影响一节课的课堂教学效果。组织教学虽然属于形式层面上的东西,但内容的填充往往离不开形式。仍以球类课为例,目前,在球类课堂组织教学中还存在如下的问题:一是求稳怕"乱",整齐划一,缩手缩脚,"放"得不够;二是无序放开,"收"得不好,组织松散,自由散漫;三是追求花哨,调队频繁,动得无效,造成干扰;四是课堂基本队形选用不合理,不能够保证每位学生机会均等,人为造成少动多等,练习次数过少。因此,建议体育教师一要在课堂教学前提前做好备课,针对主教材的教学内容对场地器材做好合理安排。二要减少队伍的调动次数,一块场地安排多样练习,减少集合与解散,节约时间增加练习次数。课堂教学尽量减少整体式打断,错误纠正区别对待,个别问题个别纠正,

小组问题小组纠正,共性问题才集体纠正,集体纠正的时候我们可以采用靠拢的方式,确保学生能听到讲解的内容即可。三要科学分组,适时轮换,保证每一个学生的机会均等,在场地器材允许的情况下,尽可能多分组,以增加学生练习次数。

分组教学是我们在打造"四有"体育课堂过程中的一项有益尝试,能够更好地实现"精讲多练",有效提高练习密度,确保课堂有效高效。我们认为,分组教学要抓住几个关键:一是要善于利用骨干做小组长,以 4—6 人组为宜,一名管理能力强的骨干做组长、技术能力强的骨干做副组长,纪律管理与技术学习互相促进。二是教师集中讲解,惜言如金、重点突出、指令明确,一分钟之内,学生明白教师让做什么、让怎么做,然后迅速到位开始练习。三是练习开始后,教师马上融入小组,参与学练,解决了传统课堂上教师讲解示范完成后,学生练习时教师无所适从的尴尬处境。教师每到一组,可根据实际情况再行组织讲解示范,此时其他组一直处在练习状态中。四是小组评价精准到位,学习目标层层递进,梯度明显且科学合理,学生便会在目标的激励下乐此不疲。因此可以说,分组教学是打造"四有"体育课堂的有力推手。

6. 发展学生核心素养,必须认真做好场地器材的规划与利用

发展学生核心素养,以"四有"体育课堂为着力点,必须认真做好场地器材的规划与利用。针对球太少,场地小器材少,不能满足一人一球或两人一球的情况,教师就需要在现有的条件下合理地组织安排练习,科学合理地设计教学活动。学生接触球太少,练习不充分,球感以及人与球的位置感都难以达到目标水平。针对球太多,不知道如何充分利用的问题,教师要在吃透教材的基础上用好场地器材。球多的情况下教师一定要合理规划,切忌为了追求表面的形式花哨,而过分占用场地器材资源。另外部分教师为了怕"乱",过分强调整齐划一,"工业化模式培养",人为降低器材的利用率也是不可取的。

五、结束语

习近平总书记十分精辟地阐明了好教师的标准,就是"四有":有理想信念、有

道德情操、有仁爱之心、有扎实学识。做好教师的目的是培育好学生,而好学生的标准也是"四有",就是有理想、有道德、有文化、有纪律。党的教育方针的基本要求就是做"四有"教师,育"四有"学生。那么对应的,"四有"教师要培育出"四有"学生就必须要共同经历"四有"课堂。

课堂"四有"即情境鲜活有趣、问题真实有的、实验探究有序、学生发展有效。教师是"四有"德才兼备,课堂是"四有"高效实用,在"四个评价"的保驾护航下,才能培养"四有"学生。

体育教研组聚焦"四有"体育课堂,发展学生的核心素养,培养学生适应未来发展的正确价值观、必备品格和关键能力,引导学生明确人生发展方向,成长为德智体美劳全面发展的社会主义建设者和接班人。